児童福祉施設における
性的問題対応 ハンドブック

編
小木曽 宏

執筆

山口修平

小林千夏

足立泰代

杉浦ひとみ

秋元義弘

関 尚美

荘司貴代

野坂祐子

渡邉 直

中野宏美

小西聖子
（インタビュー）

はじめに

小木曽 宏

　近年、児童福祉施設（児童養護施設・児童自立支援施設・児童心理治療施設など）では、「性的問題行動」が表面化してきています。しかし、この問題は、昔から起こっていたことだと考えられます。しかしこれまでは、残念ながらこの問題が顕在化することはありませんでした。なぜならば、「それは、『恥ずかしいこと』『特別なこと』『外に出してはならないこと』」という施設がもつ独特の「閉鎖的文化」があるためと考えられます。挙句は「問題を起こす子」にだけに焦点があてられてきたと言っても過言ではなかったでしょう。しかしその一方で、施設の子どもだけでなく、現代社会は「性的モラルの崩壊」、「性的情報の氾濫」の渦に大人たちも子どもたちも、否応なしに巻き込まれていっています。

　そのような現状で、児童養護施設で性的加害行為を起こした児童が、「措置変更」という形で児童自立支援施設へ入所するケースが増加しています。一方で、児童自立支援施設では措置変更児童以外で性非行が主訴となっている児童も入所しています。さらに、児童自立支援施設自体、「性的問題」に十分対応できるだけのノウハウや蓄積も十分あるとは言えません。施設によっては、入所児童の半数以上が性的な問題・課題を抱えているところもあると聞きます。これが現実でもあります。そのため筆者ら数名で、児童自立支援施設において、この問題を解決するためにどのような対応・予防策を講じているかを知りたいという思いから、2007 年に全国58 施設への実態調査及び訪問調査を実施しました[1]。

　その調査の結果、性的問題を抱えた児童に対して、性教育や治療プログラムがほとんど行われていない現状や、性的問題が起きたとき職員がその

対応に苦慮している状況が浮かび上がってきました。つまり、被害児童および加害児童に対して、適切な関わり・支援ができていないということが見えてきたのです。さらに「施設における性的問題の取り組みの必要性はあるか」という質問に、ある施設は「寝た子を起こすようなことはできない」と書いていました。このような実態を見た時、実際に入所児童の現状認識と施設運営の乖離を感じました。

　そこで、この問題に対する「対応」、そして施設内で被害児を出さない防止策だけでなく、「性教育（生教育）」実践を考えることを目的に、2009年11月、現在の事務局の中心メンバーで「性教育研究会」を立ち上げました。

　私たちは、当初から児童福祉施設という閉鎖的な空間で起こる性的問題は、性衝動や性的欲求だけの問題ではなく、児童間の力関係における「性的支配、性暴力」から生じることがほとんどであるという視点をもっていました。そして、この問題の根底には、児童福祉施設内における子どもから子どもへの「暴力の連鎖」があります。施設内で被害を受けた子どもが、その行為をさらに弱い子ども、年下の子どもに繰り返すといった行為です。「性的問題」は「性を介した暴力」です。今、この問題にどのように対応していくのか、「暴力の連鎖」をいかにして止めるかを児童福祉に関わる者として考えることが急務であると感じていました。

　2009年に発足した研究会は、当初「性教育プログラム部会」、「事例検討部会」、「実態調査部会」に分かれて活動を始めました。

　「性教育プログラム部会」では、参加施設から施設内で展開されている実践報告を集め、その実践を共有し、研究会として児童の発達段階に合わせた「性教育実践モデル」の作成を試みました。しかし、当時、体系的に実践している施設も少なく、実践報告ができるまでの活動はありませんでした。逆にそれぞれの施設が性的問題の対応に苦慮している状況であることがわかりました。そこで、実践の必要性を感じた者同士が情報を共有し、新たな情報を得ることから少しずつ始めることになりました。そして、取

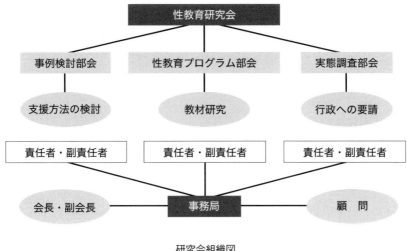

研究会組織図

り組みを始めている施設と研究会参加者とともに「性教育教材」などを手作りしながら、事例検討や実践報告を積み重ねて行きました。

　「事例検討部会」では、さまざまな事例をもとに、多職種の方々から多角的視点で指摘いただいた意見を得て、対応を検討して行きました。また「性的虐待を受けた児童の施設入所」をテーマに、入所前・入所後の実際のケアについてシュミレーションする内容で学習会を開催しました。

　「実態調査部会」では、2011年度、明治安田こころの健康財団研究助成「児童福祉施設における性教育プログラム確立と、性的問題に対する職員の対応マニュアル作成に向けた実態調査」を実施し、児童養護施設585か所、児童自立支援施設58か所の計643か所に調査票を配布、うち303施設（回収率47.1％）から回答を得ました。2012年度に、調査結果をデータ化し、どのような性的問題が起こっているのか、子どもたちが性的な被害を受けないための対策に必要なことは何か、を明らかにしていきました。

　さらに、「学術大会」を開催することで、児童福祉施設における「性的問題」実態を明らかにするとともに、「新たな実践」を模索し、共有す

る場ともなりました。毎年、著名な方々に基調講演をお願いしています。2019 年度、第 10 回大会では藤岡淳子氏（大阪大学大学院人間科学研究科教授）にお話しいただきました。

　「学術大会」は、児童養護施設だけではなく、児童自立支援施設、児童心理治療施設等も一緒に研究・実践していく共有の場でもあります。そして、児童相談所にも加わっていただくことになり、さらに児童精神科、特別支援教育、少年司法（少年院、少年鑑別所等）の近接領域の方々にも、広く参加を呼び掛けてきました。国（厚生労働省）は、今、「パーマネンシー・プランニング（恒久的支援計画）」を掲げています。しかし、残念ながら、実際は「切れ目だらけの社会的養護システム」と言わざるを得ません。性的被害を受けた子どもたちが、児童養護施設に措置された後、何らかの理由で加害児となって、児童自立支援施設に措置変更になったり、少年院に送致されている状況もあります。しかし、子どもたちと関わる大人同士が〈つながる〉ことで、〈回復〉〈やり直し〉の機会を与えることができないか。さらに、それぞれの現場で、〈予防〉〈教育〉の新たな取り組みができるようになればと思い、本研究会を続けてきています。

　厚生労働省の見解では「児童養護施設や里親家庭等のもとで暮らす子どもの中には、育った環境や被虐待経験等によって抱えることになった問題が、施設等に保護された後に暴力行為や性的な問題行動等、様々な 行動上の問題となって表出し、それが子ども間で生じることがあるが、このような子ども間で生じる暴力行為や性的な問題行動等の事案を施設職員が放置することも、児童福祉法の規定により、被措置児童等虐待に該当すると考えられている」としています[2]。こうした中、2018（平成 30）年 4 月に、厚生労働省から発生予防等の対応について周知徹底する通知（平成 30 年 4 月 27 日 子家発 0427 第 1 号 障障発 0427 第 1 号「児童養護施設等に入所する子ども間の性的暴力等の事案への対応について」）が発出され、厚生労働省が実態調査を行うことになりました。実際に「これまでに子ども間で生じる性的暴力等の問題については全国規模の実態把握をしたことは

ないことから、全国の施設や里親家庭等の実態調査と、発生要因等について分析することが求められている」として、全国の児童養護施設に調査が行われました[3]。

　その結果、全国の社会的養護関係施設 763 施設から回答がありました。その内、児童養護施設の回答数は 445 施設でしたが、「子ども間でおきた性的な問題行動」は、2018 年 3 月までの 1 年間で、687 件に上りました。これはあくまでも施設自体が「認知・把握した件数」ですので、実態としての「発生件数」とすることはできません。その中で、約 3 割の施設では「性的問題に対する予防や対応マニュアルがない」という報告がなされました。

　本調査の意義は、児童福祉施設における性的問題は決してマイナーな問題ではないということが明確になったことです。さらに、児童福祉施設のみならず、児童相談所をはじめとする関係機関が一丸となって取り組まなければならない、緊急的に対応しなければならない問題であるということも明らかになりました。しかし、早急に解決できる方策を見いだせる問題ではないことも事実です。だからこそ、できることから始めなければなりません。私たちも研究会の立ち上げ当初、試行錯誤の連続でした。さらに、「性的な問題」は、公に語られるべきものではないという風潮がある一方で、SNS では、性情報が規制なく氾濫して行きました。そして、無防備に子どもたちがその渦に巻き込まれて行きました。私たちが、性教育研究会を立ち上げた時よりも事態は深刻化していると言わざるを得ません。しかし、「解決できない問題はない」という視点から、私たち「性教育研究会」は、10 年の間、地道に「学術大会」を中心に取り組んできました。本書をお読みいただいた方々にとって、実践現場で新たな取り組みを行うためのヒントとなることがあればという思いがあります。

　さらに社会的養護を学ばれる学生諸氏が、本書を通して、現場の実態と実践に関して理解を深めていただく契機となれば光栄です。

［注］

1　財団法人日本性教育協会学術研究「児童自立支援施設における性教育の可能性と性加害児童への性治療プログラム──児童自立支援施設の現状」

2　厚生労働省「児童養護施設等において子ども間で発生する性的な問題等に関する調査研究報告書」

3　厚生労働省「児童養護施設等において子ども間で発生する性的な問題等に関する調査研究報告書」

児童養護施設での性的問題行動対応ハンドブック　目次

はじめに

序　章　社会的養護における子どもの「性的問題」の実態と理解
　　　　　　　　　　　　　　　　　　　　　　　　　　（小木曽　宏）

　1　「家族・集団内での〈禁止〉」──「インセスト・タブー」の視点から　15

　2　性的被害、性暴力を受けてきた子どもたち　18

　3　日本における「性暴力被害」の認識と施策をたどって　21

　4　「性に関わる問題」の定義と理解の基本　24

　5　「施設内性的問題」の真相とは──その背景と対応について　29

第Ⅰ部　性的問題の基礎知識

第1章　性教育プログラムのありかたとすすめ
　　　　　　──児童養護施設での実践から　（山口修平）

　1　児童養護施設運営指針に「性」が明文化　37

　2　『国際セクシュアリティ教育ガイダンス・改訂版』の視座　38

　3　子どもを取り巻く性情報　39

　4　学習会形式の性教育──社会的養護施設における必須テーマ　41

　5　伝える性教育から伝わる性教育へ──教材作成と実践の工夫　46

　6　「性」と「生」──生活場面における取り組み　47

第2章　性教育の意義と目的──現場からの提言

　1　「生きること」につながる性教育　（小林千夏）　50

　2　「性教育」を提供する時に伝えたいこと　（足立泰代）　52

第3章　性的問題における法的視点の重要性（杉浦ひとみ）

1　性的自由の侵害は違法　62

2　性加害は法的にどう扱われているか　64

3　「法的に考える」とはどういうことか　66

4　法的視点をもつことの重要性　68

5　法的視点と福祉の視点──常に法的解決が適切だとはいえない　69

第4章　性に関わる病気や身体的影響（秋元義弘）

1　性的問題行動が起こったときに活用できることとは　71

2　性的問題行動に伴う問題　74

3　まとめ　81

第Ⅱ部　性的問題の実際と実践的取り組み

第5章　一宮学園における性的問題対応の経過（山口修平・関 尚美）

1　これまでの取り組み　85

2　入所児童間性的事件　86

3　委員会の始動　87

4　今後の課題　96

第6章　児童養護施設における生（性）教育プログラム（小林千夏）

1　はじめに　98

2　性（生）教育プログラム実施の取り組み　99

3　性教育プログラム（概要）の紹介　99

4 暮らしの中で〈性〉、〈生〉を伝えること 100

5 おわりに 104

第7章 同仁会子どもホームにおける性的問題対応の経緯（荘司貴代）

1 同仁会子どもホームについて 106

2 性（生）教育委員会立ち上げの経緯 107

3 性（生）教育実践について 109

4 同仁会子どもホームの性（生）教育実践のこれから 126

第8章 児童自立支援施設での性問題行動への取り組み
　　　　──トラウマインフォームドケアの観点から（野坂祐子）

1 はじめに 129

2 子どもの性問題行動の理解 130

3 トラウマインフォームドケア 136

4 生活のなかで学習体験を積み上げるには 139

5 施設での学びを社会生活に活かすには 142

6 おわりに 144

第9章 法的理解に基づく支援の方法（杉浦ひとみ）

1 事実確認の方法 146

2 聞き取りの方法 147

3 聴取者に必要な性的知識 151

4 法的視点での支援を意識し研修することの必要性 152

5 法的視点での支援と福祉的視点での支援は両立するか 152

第Ⅲ部　支援体制マニュアル──性的問題と関係機関の連携

第10章　児童相談所と施設との連携（渡邉 直）
　1　施設内で子ども間暴力が発生すると　157
　2　児童相談所関与のもとでの初期介入から終結まで　162
　3　施設が主体でつくる子ども間暴力を防ぐ仕組み──心理教育の視点から　171

第11章　多機関連携による支援と予防
　　　　　　──性的被害経験後の人生に寄り添うために（中野宏美）
　1　幼少期の性的被害がその後の人生に与える影響　180
　2　多機関連携の実践例　182
　3　多機関連携の必要性　186
　4　多機関連携における課題　188

第12章　性教育プログラムの実践と展開（足立泰代）
　1　職員研修　194
　2　子どもワーク　196
　3　年齢別の性教育実践紹介例（児童養護施設版）　204
　4　子どもたちとの出会いを通して　204

終　章　「性的問題」は児童養護施設だけで考えるべき問題か？
　　　　──人権教育としての「性教育」のあり方（小木曽 宏）

　　1　日本における「性教育」の歴史的変遷　207
　　2　社会的養護の文化を変えて行くために──人権教育としての「性教育」　211
　　3　これからの児童福祉施設における性教育のあり方
　　　　──子どもに問い返すことの大切さ　213

付録1　性被害を受けた子どもに関わる児童精神科医の役割
　　　　──小西聖子医師に聞く（聞き手：杉浦ひとみ）　216

付録2　性に関するQ&A　240
資料　参考書籍・サイト・関連団体一覧　261

おわりに　264

序　章
社会的養護における
子どもの「性的問題」の実態と理解

小木曽　宏

1　「家族・集団内での〈禁止〉」
　　──「インセスト・タブー」の視点から

　人類の歴史上、どの時代、どの文化にも、「タブー」つまり〈禁忌〉が
存在しています。その内の一つに「インセスト・タブー（Incest Taboo）」
という概念があります。これは、「近親姦」「きょうだい姦」等を「タブ
ー」として禁じるということですが、近代社会は敢えてこのタブーを設
けてきました。つまり、「禁忌」しなければならない裏返しの事実として、
それが認められていた時代や国も多くあったということです。日本も決し
て例外ではありません。おおむね奈良時代以前では異母兄妹（姉弟）でも
結婚は可能でした。そのため 仁徳天皇の皇后・磐之媛（葛城氏）以降、聖
武天皇が光明皇后（藤原氏）を立てるまで 慣習的に皇族内から皇后を選ん
でいたこともあり皇族の近親婚は珍しくなかったと言われています。そこ
から「一般家庭」においては、「近親姦」などを禁じる「インセスト・タ
ブー」が伝承されてきたと言えるのではないでしょうか。しかし、これほ
ど近親姦がタブーだと一般常識化されているにもかかわらず、実は日本の
刑法上、近親姦は罪に問われることがありませんでした。日常、報道され
る成人男性と未成年女子との性交やわいせつ行為は法的に罰せられるのに
対し、近親姦は「やってはいけない行為」として今までは、タブー視され

ているにすぎなかったのです。

　では、施設ではこの「性的問題」は、どのように扱われてきたのでしょうか。近年、施設でも「プライベートゾーン」の話は、子どもの「人権擁護」の視点からも子どもたちへの「性教育」の中でも伝えられるようになってきました。つまり、性的被害は個への「侵入」「暴力」「支配」関係としても理解できるようになってきたと言えます。

　さらに、児童福祉施設内でおきる性的問題に対し、性教育実践が行われたり「性教育委員会」が設立されるなど、児童養護施設を中心に取り組みが始まっています。

　私も所属する「性教育研究会」の学術大会では、実践報告や教材の共有等が毎年、分科会でも報告されています。その中で、さまざま気付くことがあります。ひとつは、「性教育」だけではなく「生教育」が必要であるということ。つまり、生活レベルで伝えることの重要性です。具体的に言うと、かつて施設では、何でも「共有」することが当たり前で、昔から「施設文化」は「みんな一緒文化」という前提がありました。つまり、みんな一緒に同じ食器、箸、タオル、布団、机等々を共有していましたし、確かに「そうせざるを得ない」状況が一方にありました。それは、社会的養護に投じられる財源自体が乏しい時代だったからです。そして、そのことも「プライベート」（個の概念）の確立を阻む要因となっていたと言えます。このように、施設生活自体、「境界」という概念を作りにくい「文化」が存在していました。したがって、施設には家庭とは異なる「インセスト・タブー」が必要だったと思います。つまり、他人同士の暮らしの中で生じる「性的問題」を断ち切る「タブー」が、敢えて必要なのです。しかし、実際には、幼児から思春期の子どもたちが生活している中で、様々な問題が起きることがある意味、「必然」であり、「性的問題」も起きて当たり前と言わないまでも、ちょっとした刺激によって「性的問題」は生じてしまうのです。幼児に至っては発達段階上の「興味」によって、集団の中で「遊び」の延長で行われてしまうことがあります。

さらに、森田は「女子だけでなく男子も性暴力を受けることがあるという事実は、すべての子どもたちに知らせておきたい大切な知識」（森田1999: 150）だと指摘しています。実際に男子の性的被害は女子にも増して表面化しない傾向があります。実際に私も施設長の時代に、「同性間性的問題」として男子同士の事例を経験しました。

　そこで、基本的なことですが、児童養護施設に来る子どもたちがどのような経路を辿って入って来るのか説明しましょう。多くの子どもたちは、家庭で暮らせない理由（親による虐待、ネグレクト、親の離婚、入院、逮捕など）により、児童相談所の一時保護所に入所します。その中で、家庭に帰れない子どもたちが、児童福祉施設に措置されます。子どもたちの多くは意思に反して、施設で暮らさざるを得なくなった他人同士の「子どもたちの集団」とも言えます。当然、成長するにしたがって「性的衝動と抑制」のバランスがとれず、「性的問題」を起こしてしまう子どももいます。しかし、このような研究も今後、行われていくと思われますが、我々、大人が「性的問題」と感じているレベルと子どもたちの「感覚」にはズレがあると思います。もっと言えば、職員間でも男女差、年代の違いによって、「性意識」は異なるでしょう。そして、子ども自体の「知的理解」の問題は大きいと思います。多くの子どもたちは異性に対して、性的好奇心を抱いても抑えることができますが、実際にちょっとした刺激や誘導で、性的行為をしてしまう子どもたちもかなりいるのです。

　このような状況に対して、どう対応していけばよいのでしょうか。第一に、施設の職員集団として、「共通理解」が図られることが必要です。職員個々の「性意識」は異なっているとしても、施設としての方針や考え方は適宜、話しあっておくべきでしょう。しかし、ただ「タブー（ダメなこと）」だから禁止するという原理・原則の押しつけは通用しません。

　ここで、根本的なことの理解から考えてみましょう。施設だけの問題でなく、人間の「生命の営み」という、かなり壮大な視点からアプローチしていきたいと思います。

「性」とは何か。様々な捉え方がありますが、「生命の『有限性』から『無限性』への可能性」です。人間に限らず、生命をあるもの、すべては「有限」です。しかし、「生殖行為」によって、「無限」へと限りなくつながって行く可能性があります。正に、人知を超えた「営み」でもあります。この根本的な〈命題〉によってこそ、我々、人類は今まで存続させてくることができたとも言えます。唐突に思えるかもしれませんが、この〈神秘性〉は、いくら、性情報が氾濫する時代でも、時を超えて伝えていくべきことだと考えます。

　私が言いたいのは、決して、「性は汚らわしいもの」「禁忌するだけのもの」ではないということです。まず我々、大人がしっかりとした認識をもっていなければ、子どもに「性」をきちんと伝えられないのではないでしょうか。「性」に対する正しい知識や考え方を、しっかり子どもたちに伝えていかなければならないということです。しかし、このことは言葉だけでは伝わりにくいので、本書では足立を始め他の筆者の実践等を通して、しっかり伝えていけたらと考えています。

2　性的被害、性暴力を受けてきた子どもたち

　児童養護施設だけでなく、児童自立支援施設に措置される多くの子どもたちは、性的被害を受けています。例えば、世間では「非行少女／非行少年」と呼ばれ、児童自立支援施設に措置される子どもたちの入所の理由について、表1のような統計があります。

　児童自立支援施設は、児童福祉法第44条によれば「不良行為をなし、又はなすおそれのある児童及び家庭環境その他の環境上の理由により生活指導等を要する児童を入所させ、又は保護者の下から通わせて、個々の児童の状況に応じて必要な指導を行い、その自立を支援し、あわせて退所した者について相談その他の援助を行うことを目的とする施設とする」とされています。しかし、少女らの「不良行為をなす」〈原因〉として、重篤

表1　性暴力被害体験率

調査対象者	中学生		高校生		高校生		少年院児童自立支援施設
調査者	日本性教育協会		日本性教育協会		野坂ら		藤岡ら
発表年	2007		2017		2005		2006
調査数（人）	男子(1,099)	女子(1,088)	男子(2,127)	女子(2,149)	男子(883)	女子(1,463)	女子(197)
言葉による性暴力	19.1	18.1	3.9	13.2	20.7	33.0	61.1
性器露出	1.7	9.7	1.8	11.0	12.7	35.1	66.0
性的身体接触	1.4	2.6	1.3	9.9	13.6	37.2	81.4
レイプ未遂	—	—	—	—	2.7	13.2	77.8
レイプ[1]	1.3	2.6	0.8	3.4	1.5	5.3	63.1

＊1　日本性教育協会の調査では「性的行為の強要」

出所：藤森和美・野坂祐子（2013）『子どもへの性暴力——その理解と支援』誠信書房 p .7.（筆者改変）

な「性的被害」が背景にあることを明確にしておかなければなりません。そして、その「性的被害」は、ほとんどの場合、「近親者」つまり、親きょうだい、同居人から受けています。児童自立支援施設に限らず、児童養護施設措置児童にも同様の「性的被害」を受けた児童が多く存在します。実は私が最初に赴任した職場は児童自立支援施設（1980年当時、教護院）でした。5年後、今から30年以上前のことですが、私は異動になり、県内の児童相談所一時保護所勤務となりました。当時は、児童相談所に専属運転手がいなかったため、公用車の運転を任されていました。そこで起きた、今でも忘れられない出来事があります。着任早々、私は当時の課長に呼ばれました。「小木曽さん、昼休みに産婦人科に保護児童を連れて行って欲しいから、公用車は（産婦人科）裏口に着けて下さい」という指示でした。私は一時保護中の中学2年生の女子を車に乗せ、産婦人科まで送って行きました。実は保護されてから分かったのですが、彼女は妊娠をしていたのです。それも実の父親からの性的虐待によるものでした。そして、

もちろん、産婦人科に行ったのは堕胎するためだったのです。私は職員としてというよりも子を持つ親として、やり場のない怒りを覚えました。

その後、同じような子どもたちに出会うたび、このようなことを考えます。これは明らかに近親姦ですが、将来、被害を受けた子どもたちは、ジェンダー論をもち出すまでもなく、「家族」の概念自体が成立しなくなるということです。父親、母親、きょうだい、そして、子どもの関係性自体が「崩壊」することだと感じました。そして、このように傷ついた子どもたちが、将来、ちゃんと「家族」をつくることができるのだろうかと悩みました。

そして、やっと、新たに刑法改正が行われることとなりました。

性犯罪を厳罰化する改正刑法は平成 2017 年（平成 29 年）6 月 16 日、参院本会議で全会一致により可決、成立しました。強姦罪の法定刑引き上げや、起訴するのに被害者の告訴が必要となる「親告罪」規定の削除が大きな柱でした。それはある意味、被害者の負担を軽減するという側面もあります。性犯罪に関する刑法の大幅改正は、明治時代の制定以来約 110 年ぶりのことです。以前から、被害者らが実態に即した法改正を求めて来ました。

改正刑法より 2 週間遅く国会に提出された「共謀罪」法を先に審議入りさせたため、改正刑法が衆院本会議で審議入りしましたが、参考人質疑は参院法務委員会でしか実施されず、審議時間は計 12 時間 40 分という駆け足での成立となりました。

改正法は強姦罪の名称を「強制性交等罪」に変更し、女性に限定されていた被害者に男性を含め、性交類似行為も対象となります。法定刑の下限を懲役 3 年から 5 年に引き上げました。親告罪の規定をなくすのは強姦罪や強制わいせつ罪などで、施行前に起きた事件にも原則適用するためです。

家庭内での性的虐待を念頭に、親などの「監護者」が立場を利用して 18 歳未満の者に性的な行為をすれば、暴行や脅迫がなくても罰する「監護者わいせつ罪」と「監護者性交等罪」が新設されました（第 3 章参照）。

今に至って、やっと「強姦罪の内容の拡張」や「近親姦」等による子ど

もへの「性暴力」に関する法改正が行われたのです[1]。ますます私はやるせない思いに苛まれました（第3章参照）。

　すべてとは言いませんが、特に日本における青少年の「性犯罪・性非行」の背景を些かでも知って頂きたいと思います。「性犯罪・性非行」の問題が起きたときに使われる用語の中で、とくに気になるのが「近親相姦」です。相手に対する過剰適応を起こして、応じないと嫌われる、捨てられるといったような思いが、主体的にではなく性的行為に応じた場合がほとんどなのです。「近親相姦」という言葉は、相互的な行為との誤解をあたえる表現だとして、近年、やっと「近親姦」言われるようになりました。しかし、「近親相姦」と言われ続けて来た背景には「相互・連帯責任」という意味が込められて来たと思います。もっと言えば「合意」という前提があったか否か。男女間の性的事件においても裁判で未だに「強姦」か「和姦」で争われることが多いと思います。これまでは、「近親者である父親が一方的に、我が子にそのような行為はしない」という〈社会通念〉が前提として存在していたと言わざるを得ません。しかし、赴任当初、私が児童相談所で出会った中学2年生の少女の事案は「相互合意」では決してないと断言できます。

3　日本における「性暴力被害」の認識と施策をたどって

　上記のことを踏まえて、子どもに対する「虐待」「暴力」だけではなく、女性も含めた「人権擁護」「人権保障」問題と関連して、日本の「性暴力被害」の意識変化、そしてその対策や支援についてたどってみたいと思います。

　先ほど紹介したように、日本において性暴力の被害や被害者に関心が向けられるようになったのは、やっと最近のことです。さらに「内閣府は現在、性犯罪、性暴力被害者支援のために各都道府県にワンストップセンターを設置し、各地域の女性センターで性暴力被害の相談を扱うことなどを推奨」しています。しかし一方で、30年前と何も変わらない「レイプ神

話（rape myth）」[2] が相変わらず社会の多くの人に共有されています（小西・上田 2016: 194）。

　実際に、「性暴力被害」の先行研究も少ないのが実態です。そこで、小西（2016）は「不十分な情報での考察」としながらもその変遷をたどっています。「世界的にみれば性暴力被害者の支援が組織的に行われるようになったのは 1970 年代前半である。たかだか 50 年前まで、現在は先進と言われる国においても、性暴力被害者は法的にも、社会的にも、医学的にも、心理学的にも無視され、誤解され、たいへん問題の多い状況に置かれていた」（小西・上田 2016: 195）と述べています。しかし、このような状況を変えたのが、60 年代から盛んになる第二次の女性運動であり、とくに 1970 年代末にはアメリカには 1000 を超えるレイプクライシスセンターが作られました（小西・上田 2016: 196）。そして、世界的な動きとして、「性犯罪を含む『女性に対する暴力』に対する政策が各国の課題として広く認識されるようになるのは 1990 年代になってから」（小西・上田 2016: 198）なのです。

　そこで、日本においても「70 年代初頭に第二派の女性運動の波があり、日本国内にも性暴力被害の問題が紹介されたり、また強姦救援センターなどの民間の被害者支援組織が現れ」ました。しかし、この時点では「トラウマへの反応が臨床や研究の対象とされることもなかった」（小西・上田 2016: 198）のです。

　先ほど、私の体験談を語りましたが、ちょうど、40 年ほど前、1970 年代には、「強姦被害」が少ないだけでなく、児童相談所の相談種別にも「児童虐待」という分類項目がありませんでした。当然、「性的虐待」という概念も存在していなかったのです。当時「日本は欧米のような虐待は起きない。何故なら、日本は昔から『川の字』文化があり、親が子どもを大切に育てているから」などという言説が、世間一般、マスコミや評論家等からも聞かれた時代でした。しかし、一気にこの流れが変わっていったのは 90 年代のことでした。その先駆けが、信田さよ子氏や東京フェミニストセラピィセンター所長の平川和子氏の実践でした。平川氏はあるシ

ンポジウムの中で「DV 防止法が改正されて以降、民間の支援者はようやくひと息入れることができたと思いますと、10 年間の流れを振り返った。1995 年～ 1997 年は支援方法もネットワークもなく非常に困惑していた時期で、被害者が警察に駆けこんでも何もしてもらえない状況だったという。保護してもらえる婦人相談所は閉鎖寸前であり、二次被害のオンパレードの時期だった」[3]と述べています。

　さらに、大きな流れとして 2000（平成 12）年 1 月 23 日に起きた「光市母子殺害事件」に象徴されるような犯罪被害者支援施策の動きが始まる一方、同年「ストーカー規制法」が創設されました。ここで、注目しなければならないことが、同じ年に「児童虐待の防止等に関する法律（児童虐待防止法）」が議員立法で創設されたことです。当初は関連法との関係から児童福祉法改正も検討されましたが、「児童虐待の急増」に対して、その創設が急がれ、議員立法で成立しました。そして、周知の通り、翌年、「配偶者からの暴力の防止及び被害者の保護等に関する法律」（DV 防止法）など、被害防止や被害者に関する支援についての法律が施行されたのです。その後、直接子どもに暴力が及ばなくても、日常生活で、母親がDV 状態に置かれている子どもたちは、重篤な「心理的虐待」状態にあるという認識が成立しました。

　ここまで述べてきて、私が何を明らかにしたいかというと次のようなことです。「現場感覚」という言葉がありますが、私も長く児童福祉現場に身を置いてきて感じることがあります。現在の「子ども虐待問題の急増、深刻化」は、今や「社会問題」となっています。しかし、「子ども虐待問題」だけではないのですが、どの事象も状況が「深刻化」していく中で、「現場からの訴え」「マスメディアの影響」「調査研究による実証」などにより、やっと「顕在化」されていく事象が多いと感じます。そして、行政レベルで議論され、施策が打ち出され、法整備が行われて行きます。しかし、現状はそれ以上に「深刻化」「複雑化」していってしまいます。その中でも最後に「置き去り」にされてきたこと、それが、「子どもたちの性

的被害・性的暴力・性的支配」の問題であると私は思っています。

　これは私見であり、反論もあると思われますが、敢えて述べておきたいと思います。日本における児童虐待防止法に規定された4分類の児童虐待の中で、「性的虐待」の相談件数は、当初から少ないと感じていました。今まで見てきた時代背景からすると、実際に被害を受けていた多くの子どもたちは「訴えたくても訴えられない状況」に置かれていたと言えるのではないでしょうか。私も児童相談所にいた頃、何件か小・中学校の養護教諭から、「子どもが親から〈性的ないたずら〉を受けているようだがどうしたらよいか」という相談を受けたことがありました。そして、手当たり次第、思いつく相談機関に連絡をした記憶があります。今回、2017年に見直されるまで、「刑法」の中で規定されていた「親告罪」規定が、被害者の告訴が前提である犯罪です。それが大人でも訴えを諦めてしまうほどの「カベ」だったとすれば、子どもたちは、その「事実」をずっと抱えながら、心の奥に蓋をして、生きて行くしかなかった時代だったのでしょう。実際、未だに児童養護施設に来てから、その事実を語る子もいますし、退所してからやっと語れる子もいるのが現実です。

4　「性に関わる問題」の定義と理解の基本

　近年、にわかに児童福祉施設の「性的問題」がクローズアップされてきました。そのこと自体は、新たな兆（きざし）であり、今後も推し進めて行く必要性を感じます。しかし、今後、現状の理解及び調査研究を行っていく上で、「用語」の整理をしておかなければならない時がきたと考えています。例えば施設には、幼児から思春期に至る概ね2歳から18歳までの子どもたちが暮らしています。そのため「性的問題」と言っても、幼児の性器の見せ合いから高校生の妊娠まであるため、「性的問題」として実際には一括りにはできません。しかし、細かい事象に関する「定義」は「個別の問題」として処理されてきました。さらに行政的手続きとして、施設内で起

きている「事故」として扱われてきました。これは「性的問題」に限ったことではなく、施設内で起きた「暴力事件」も含まれます。さらに、多少、都道府県によって異なりますが、施設内での「事故」は所管の児童相談所や県・市の担当部署に「事故報告」として伝えなければなりません。しかし、これも「ここからここまで」という明確な「範囲」が示されている訳ではありません。したがって現場では「これって（児童相談所に）報告した方がいいですかね……」というように判断に迷うようなことが、時折起きてしまいます。

　それでは、最近、児童養護施設等の現場で使われている用語を列挙してみましょう。例えば「性問題行動」と「性的問題行動」、「性化行動」、「性被害」「性加害」、「性暴力」「性支配」などです。前述したように、この「性的問題」という不明確な言葉で表される「出来事」が、その対応を含めて、現場の混乱を招き、ますます複雑にしていると言っても過言ではありません。

　近年、児童養護施設等において「性的問題とは、例えば、幼い児童同士が遊びの中でお医者さんごっこをし、お腹を見せ合うことはあるだろう。だが、それを中学生が行っていた場合はどうなるだろう。児童期は、急速な体の発育が進む時期である。特に、児童の性的問題を検討するにあたり、性への健康的な興味かそうでないのか、これらを見分けることが大切である」（森田 2018: 24-25）と森田は述べています。

　つまり、児童養護施設等において、「性的問題」をどのように捉えて行くかという議論すら十分に行われていないのが現状です。そこで、森田（2008）はかなり早くから定義づけを行っています。具体的には、次のように「自然な性行動」と心配を要する「性化行動」を見分ける基準を4つの項目に分類しています（森田 2018: 24-25）。

（1）力関係＝「年齢差、体格の差、人数などの差」「脅し、買収、だましを伴う」「秘匿の強要」

（2）頻度・関心度＝「マスターベーションを見せる、させるなど」「性的関係の常習化」

（3）内容＝「大人の性行動の模倣が見られる」「サディスティックな性的行動」

（4）感情＝性的な行動に、「恐れ、不安、怒り、攻撃性」などが伴っている場合に「支配関係」が硬直化する

　上記の「分類」すべてが、現在の児童養護施設等の「性的問題」にすべてに当てはまると思います。逆に一般家庭に比べてみると、実際に異年齢集団の中で（1）の状況は、年長者が幼児や小学生に行いやすい状況にありますし、比較的頻発する問題でもあります。（2）の状況もやはり、比較的頻繁に起きることですし、同性間でも起きる問題です。（3）に関しては、施設入所以前の家庭で、親もしくは同居人から影響を受けてきていると察することができます。（4）は「加害」の子どもたちから「性による支配」を受けているとすれば、「誰にも相談できないこと」なのです。さらに、これは「被害」から「加害」へ〈連鎖〉していく問題として「支配関係」が生じます。このことは後で説明します。

　次に「性的被害」を受けてきた子どもたちに接するにあたって、野坂（2019）は『性虐待を受けたらどうなるだろう』と想像力を働かせる。家族から性的虐待をうけるなんて、その体験はおそろしく苦痛なもので、加害者と同じ性別である男性をおそれるようになるに違いない」（野坂 2019: 45）と述べています。つまり、男性職員というだけで嫌悪感を抱く子どももいるということです。しかし、異性を嫌悪する方向とは全く異なる行動をとる子どもがいます。それが「幼少期に身近なおとなから性的虐待を受けた子どもは、男性との距離感が近く、ベタベタして、性的にあけすけな態度をとることがめずらしくない。性的虐待の多くは、子どもにとって、恐怖より混乱をもたらすもの」（野坂 2019: 46）でしかないと述べています。結局、混乱しつつも「逃げ場のない」「選択肢のない」状況から、

「愛情や信頼は性的接触とともに得られるものだと思い込んでしまい」ます。しかし、そのような子どもたちが、思春期になると「自分のからだは汚れている」と感じ始め、「『タダでやられるくらいなら、お金をもらえるほうが…』」と援助交際や売春行為に走る子どもたちもいると野坂は指摘しています（野坂 2019: 47）。

　つまり、施設入所以前に受けて来た「性的被害体験」を踏まえた上で、子どもたちの行動を理解しなければなりません。しかし、現場では「最近、○○君に『性化行動』が見られるようになった」などと使ったりしています。そこで、山本（2012）が「性化」という言葉の安易な使い方に対して、異を唱えています。では何が不適切なのでしょうか。山本は「『性化』とは何が『性化』しているというのでしょうか」（八木・岡本 2012: 16-17）という問題提起をします。「本来、性的な文脈にない対人・社会的行動において、あるいは性的な表現を要しないことがらにおいて、過去の性被害の影響から、不必要に、あるいは性的な印象を相手に与えるような性的な表現行動」を「性化行動」と定義付けてきたと指摘しています。詳細は出典に譲りますが、要するに最近の「性化行動」という用語の使われ方には「子ども自身の持つ特性のようにみてしまうこと」が不適切ではないかということです。

　専門家である人たちこそ「トラウマによる性的行動（Traumatic Sexalization）」「性暴力被害の影響によるとみられる行動」「過剰な性表現」「トラウマ性の解離によるとみられる性的行動」などについて、「正確に事態を捉え、説明・表現することを心がけたい」（八木・岡本 2012: 16-17）と述べています。

　また、「性暴力とは、性を手段とした暴力のことであり、本人の意に反した性的言動と定義され」ています。

　さらに、「性暴力となる行為」に関しての整理も行われてきています。具体的には以下の通りです（藤森・野坂 2013: 5）。

〈性暴力となる行為〉

・体へのからかい、性的中傷を言ったり、書いたりする。

・着替え・入浴を覗く

・下着を盗る、衣服に精液をかける。

・強引にキスをしたり、身体を触る。

・抱きついたり、性器を触る。

・性器を見せたり、性器に触らせる。

・無理やりセックスをする。

・ポルノや性行為を見せる。

・性的な被写体として撮影する　など

〈性暴力とみなされる主な条件〉

▼ 13歳未満（性虐待であれば18歳未満）の子どもへの性的行為

▼ 13歳以上の場合

・無理強いをしたり、暴力や脅迫を伴う。

・だましたり、嘘をついたりする。

・一方的で、相手は知らなかったり、許可していない。

・被害者から逃げられない、逃げにくい状況である。

・被害者が断りにくい状況や立場に置かれている。

・被害者の判断力が不足していたり、一時的に低下している。

・被害者が事態をわかっておらず、この先に起こるリスクについて知らない。など

　これは、あくまで一般的に起きている「性暴力」に関する整理です。これは一般論としての〈条件〉です。〈性暴力となる行為〉の中で「性的な被写体として撮影する」こと以外は一般家庭より、施設のような集団生活の場では容易に起こる可能性は高いのです。さらに〈性暴力とみなされる主な条件〉のほとんどが、異年齢で集団生活をしている子どもたちの状況

から、想定できる〈条件〉と言わざるを得ません。

5 「施設内性的問題」の真相とは
——その背景と対応について

(1)「性教育」だけでは解決できないこと

　「安全委員会方式」[4] を提唱している田嶌（2011）は「性暴力・性虐待は、しばしばその背景に殴る・蹴るといった殴打系暴力がある。そうでなくとも、殴打系暴力を背景とした力関係による威圧や暴力による脅しがしばしばある」と指摘しています。さらに田嶌は「少なくとも児童福祉施設における性教育では、その土台としての性暴力・性虐待の対応が必要である」（田嶌 2011: 223）とも指摘しています。この田嶌の「安全委員会方式」には、現場、研究者の中でも賛否が分かれるところですが、性というものが「力」「支配」「暴力」という関係に使われやすいという指摘に対しては共感できるところです。田嶌が主張していることは、「暴力事件はその後も生じているが、性的な被害加害はなくなった」（田嶌 2011: 224）ということは実際に、ありえないということです。つまり、俯瞰的な視点に立って、「性的問題」だけでなく〈施設における暴力構造〉から見ていく必要があるということです。

　この議論も学会等で争われるところだと思います。本書は、あくまでも「性的問題対応ハンドブック」であるため、これ以上、踏み込むことはせず詳細は他書に譲りますが、以下の点だけは論じておきたいと思います。

　私は、前段でも述べましたが、児童自立支援施設からスタートし、児童養護施設に身を置きました。その中で実感することは、「負の連鎖」ということです。すべての「被虐待者」がそうなる訳ではありませんが、世代を超えた「暴力（負）の連鎖」を実感していました。これは「いじめの連鎖」とも共通すると思います。児童養護施設に入所してくる子どもたちの多くが、被虐待児であると言われています。ということはつまり、親

から「暴力」「虐待」を長い期間、受け続けてきているわけです。そういった子どもたちの特徴に、「複雑性PTSD」[5] と診断される症状が垣間見られます。とくにベッセル・ヴァン・デア・コーク（Bessel van der Kolk）は、子ども時代のトラウマによる一種の記憶への刷り込みを「トラウマ学習（Trauma Learning）と名づけ、PTSDにおける記憶の特徴を再演（回想、断片化、フラッシュバック、強烈な感覚的経験）、反復（再被害化、攻撃者や被害者への同一化）、置き換え（トラウマの加工、異常な性幻想、異常性愛、精神病様反応）の3つに分類しました。また、PTSD発症が遅延している状態として、回避（性行動回避、鎮静系の薬物依存、身体化、抑うつ反応）、攻撃（危険な行動、反社会的行為、刺激系の薬物依存、性行動過多）の2つをあげました。そこにあげられた「虐待の再体験化」と言われたりする「反復」「置き換え」「攻撃」という症状が児童養護施設の中でも起きています。それが、施設という「集団生活」の中で起きた場合、本人の意思に関わらず、一般家庭よりトラブルを大きくする原因ともなりますし、反復されていきます。「はじめに」でも説明したように、力の弱い子や幼児が対象になって「暴力」「支配」関係に至ってしまいます。さらに今まで被害を受けてきた子どもたちが、「暴力構造」「支配構造」に晒されたまま成長し、暴力による「支配関係」の「刷り込み」が行われていきます。「被害者」から「加害者」に転じていってしまうのです。私も施設の中で、このような子どもたちと何人か出会ったことがありました。ある子は小学校までは運動神経もよく、明るく活発な子だったのですが、中学2年生の時に部活を辞めてから、生活がどんどん荒んで行きました。その時から、自分の意思が通らないと低学年や幼児に暴力を振るうようになっていったのです。何度か注意をしましたが、ますますエスカレートしてき、次第に職員にも暴力を振るうようになっていきました。そこで児童相談所にも一時保護をしてもらいました。しかし、それでも収まらず、本人と話をすることになりました。すると彼は「オレは今までで、ずっと大きい奴らに殴られたり、叩かれたりしてきた。我慢してきたんだ。今、自分が強くなったから、やり返して

るだけだ」と言い放ったのです。その彼の言葉が、今でも忘れられません。

　先ほど述べましたが、「性を手段とした暴力」も、この「暴力構造」の表出に過ぎないと考えます。

　そして、施設から自立した子どもたちが、親となり、自分の子どもに対して、虐待を繰り返すという「負の連鎖」だけは、何があっても防がなければならないと思うのです。施設の中でこの「負の連鎖」を断ち切り、「暴力構造」を根本的に変えていかなければ、子どもの「安心できる施設」は、いつまでたっても実現できないであろうと考えます。

(3)「子ども虐待死亡事件」の背景にある「性的暴力・性的支配」

　2019（平成31）年1月、「千葉県野田市女児虐待死亡事件」が発生しました。この事件では女児（当時小学4年生）が学校の「いじめアンケート」に「父親からの暴力」を訴えたことを契機に、児童相談所に保護されました。その後、父方祖父母の養育を条件に家庭復帰しましたが、結局、両親の元に戻されました。「しつけ」と称して、食事も与えず風呂場に立たされたまま、冷水を浴びせ掛け続けるという父親からの執拗な虐待により、命を落とすこととなった事件です。

　本事件には、本児を救ういくつかの「局面」があったと思われます。一番大きな局面は、本児が一時保護中に父親からの性的被害を受けた疑いが指摘された時です。そこで「被害確認面接」を実施し、児童精神科医の面接も行われ、虐待状況や家族についての所見が示されました。その所見には「暴力行為だけでなく性的行為を含み、本児の恐怖心はかなり強い」と記されていたのです。それにもかかわらず、家庭復帰後のリスク要因として、「性的虐待」については、事後指導項目にすらあげられませんでした。本児の必死な訴えは届かなかったのです。

　本事件の『死亡事例検証報告書』には、「本児が止めてと拒否したことで、性的衝動を満たすことができなかったことにより、父は本児を無力化し自己の支配下に置き、本児の権利をも奪う方向に至る可能性」「一時保

護の中で本児が開示したことを聞かされた父が、怒りをコントロールできなくなった可能性」「児童精神科医による所見では、本児のPTSD状態が診断されることにより、家族の同居は困難である」等が指摘されました。さらに、母親に対しては結婚当初から父親によるDVが常態化していました。この場合、唯一守るべきだった母親までもが父親によって支配、コントロールされ虐待はエスカレートしていってしまったのです。児童福祉施設だけでなく、児童相談所という専門機関においても、「性的問題」の重大性に関しての認識が、不十分と言わざるを得ない事件でした。この事件を教訓として、子どもに対する「性的被害」の背景には、「性的暴力」「性的支配」が存在しているという視点を、再確認すべきでしょう。

(4)「性教育」と「生教育」そして、自立へ

　最後に、「性教育」と「生教育」の関連について触れておきたいと思います。その問題については他の章でも詳しく説明しますので、ここでは原則的な話にとどめておきます。

　私はこの世に「一番よい家庭のモデル」などないと思っています。昔のホームドラマのような、「家庭」を今更、目指すことは論外でもあるでしょう。なぜならば、家族も「多様性の時代」です。しかし、「家庭」を機能と考えれば、アメリカの社会学者ウィリアム・オグバーン（Ogburn,W.F.: 1886-1959）たちは、1934年に家庭がもつ6つの基本的な機能として、①子どもを生むこと②子どもを保護・監督すること③社会性を身に付けさせること④性的行為の調整をすること⑤愛情を注ぎ寄り添うこと⑥社会的な拠点を確保することをあげています。平たく言えば〈日々の暮らし〉の営みであり、それを家庭で次世代に伝えられていくことでもあります。しかし、社会的養護施設で暮らす子どもたちは、そのような家庭機能を備えた〈日々の暮らし〉を十分、保障されてきませんでした。したがって、時間を掛けながら、ゆっくりと、職員が〈家庭的〉環境の中で、こういったことを伝えていくしかないと思います。この〈基本的機能〉の提供こそ、

子どもの成長・発達に応じた〈支援の連続性の保障〉に他なりません。施設職員が目指す存在は親ではありませんが、子どもたちが施設を出て、いつか〈社会的、家庭的拠点〉を確保するまで、関わり続けてあげることが重要です。もちろん施設での暮らしとは、「性に関すること」も含めた日々の「暮らしの保障」であり「生（生きることの）教育」だと思います。

［注］

1　改正後は「性別を問わず、性交肛門性交又は口腔性交」した者と「強姦罪」の構成要件を拡張した。さらに「18歳未満の者に対し、現に看護する物であることによる影響力を利用した性交・わいせつ行為等」を「監護わいせつ罪及び監護者性交等罪」とした。

2　「レイプ神話」：例えば「強姦は、被害者側の挑発的な服装や行動が誘因となる」「年頃の人しか性犯罪には遭わないだろう」といった「性犯罪」に対する思い込みのこと。

3　男女共同参画社会を実現するために『女性に対する暴力に関するシンポジウム』報告書より（2005. 12.15）

4　九州大学名誉教授 田嶌誠一が提唱したもので、「2レベル三種の身体への暴力」を対象とする取り組み。　定期的に児童への聞き 取り調査を行いながら、外部委員と施設長・施設職員によって構成する内部委員が参加する委員会を開催し、暴力問題についての対応を審議し実践していく。　安全委員会の審議では四つの対応を基本とします。

5　複雑性PTSD（Complex post-traumatic stress disorder、C-PTSD）とは、組織的暴力、家庭内殴打や児童虐待など長期に反復的なトラウマ体験の後に、しばしば見られる感情などの調整困難を伴う心的外傷後ストレス障害を言う

［参考文献］

千葉県健康福祉部児童家庭課「千葉県児童虐待死亡事例検証報告書（第5次答申）」2019.11.25

藤森和美・野坂祐子編（2013）『子どもへの性暴力——その理解と支援』誠信書房

小西聖子・上田鼓　編（2016）『性暴力被害者への支援——臨床実践の現場から』誠信書房

森田ゆり『子どもと暴力』岩波書店、1999年

野坂祐子『トラウマ・インフォームド・ケア——“問題行動”を捉えなおす援助の視点』日本評論社、2019年

田嶌誠一（2011）『児童福祉施設における暴力問題の理解と対応——続・現実に介入しつつ心に関わる』金剛出版

八木修司・岡本正子（編著）（2012）『性的虐待を受けた子ども・性的問題行動を示す子どもへの支援』明石書店

第Ⅰ部
性的問題の基礎知識

第1章
性教育プログラムのありかたとすすめ
——児童養護施設での実践から

山口修平

1　児童養護施設運営指針に「性」が明文化

　2016（平成24）年3月、厚生労働省は児童養護施設における養育・支援の内容と運営についての方針を「児童養護施設運営指針」にて示しました。この指針には、性に関する項目が明文化され、施設における「性」への取り組みについて、性教育の実施・職員研修などが盛り込まれました。以下に該当部分を抜粋します。

第Ⅱ部 各論

1.　養育・支援

（6）性に関する教育

　①子どもの年齢・発達段階に応じて、異性を尊重し思いやりの心を育てるよう、性 についての正しい知識を得る機会を設ける。・性をタブー視せず、子どもの疑問や不安に答える。・年齢・発達段階に応じた性教育を実施する。・日頃から職員間で性教育のあり方等を検討し、職員の学習会を行う。・必要に応じて外部講師を招いて、学習会などを職員や子どもに対して実施する。

「社会的養護関係施設（児童養護施設、乳児院、児童心理治療施設、児童自

立支援施設及び母子生活支援施設をいう。以下同じ）については、子どもが施設を選ぶ仕組みでない措置制度等であり、また、施設長による親権代行等の規定もあるほか、被虐待児等が増加し、施設運営の質の向上が必要である」[1]とされ、社会的養護関係施設における第三者評価実施が義務づけられることになりました。評価基準として、種別ごとの施設運営指針を策定し、これに対応した全国共通の第三者評価基準が示されました。したがって、各施設は運営指針に示された「性に関する教育」についての取り組み状況が、第三者評価の対象となります。このことは、近年、児童養護施設において入所児童間性的問題が表面化したことから、その対応及び再発防止を目的に示されたものであると考えます。評価実施が義務づけられ、評価項目に性教育が盛り込まれたことにより、各施設では性教育実践に着手すべく、そのための教材・実践の方法について、情報を集積し、性教育のあり方について模索している状況にあります。

2　『国際セクシュアリティ教育ガイダンス・改訂版』の視座

　セクシュアリティ教育に関わる世界の国々の専門家による研究・実践を踏まえて、ユネスコ（国際連合教育科学文化機関）が中心となり、「国際セクシュアリティ教育ガイダンス」が発表されました。2009 年に初版、2018 年に改訂版が示され、国際的な性教育の指針になっています。このガイダンスは、セクシュアリティ教育を、科学的にに正確であり、実践的で客観的な情報を提供することによって、年齢に応じて、文化的に関連させて性や関係性について教えること、セクシュアリティのさまざまな局面に関して、その人自身の価値と態度を探究し、意志決定し、コミュニケーションをとり、リスクを削減するためのスキルを獲得する機会を提供することと定義しています。改訂版では、包括的セクシュアリティ教育を実践すべく、8 つのキーコンセプトで構成されており、それらは、4 つの年齢グループ（5 〜 8 歳、9 〜 12 歳、12 〜 15 歳、15 〜 18 歳）に分けられていま

図1　国際セクシュアリティ教育ガイダンス「8つのキーコンセプト」(改訂版)

①人間関係	②価値観、人権、文化、セクシュアリティ
③ジェンダーの理解	④暴力と安全確保
⑦セクシュアリティと性的行動	⑧性と生殖に関する健康

＊これらのキーコンセプトは、更に2〜5つのトピックに分かれ、**年齢グループ**ごとのアイデアと知識、態度、スキルを基盤とした学習目標で構成
＊**年齢グループ**　初等教育、中等教育レベルの学習者
　　　　　　　5歳〜8歳　9歳〜12歳　12歳〜15歳　15歳〜18歳以上

す。社会的養護関係施設に入所している子どもは、入所前の家庭での養育において、暴力的又は放置されてきた体験をしていることがあります。また、インターネット普及による情報の氾濫に曝されている子どもも少なくはありません。

「性教育」＝体の仕組み、避妊、性感染症、性的トラブル防止（ハイリスクアプローチ）を学ぶ前に、権利や他者の尊重、平等、ジェンダーといった人権がベースにあり、そのベースへの学びがないと、リスク（予期せぬ妊娠・性感染症など）を回避するための対処的な教育を施しても、行動変容（根本的な解決）が期待できないことが国際セクシュアリティ教育ガイダンス（図1）からも読み解けます。縦軸（年齢4グループ）と横軸（8つのキーコンセプト）が織りなす多角的視点、すなわち国際セクシュアリティ教育ガイダンスが示す、「包括的性教育」の視点をもって、子どもの性に関する学びに大人が「挑戦」することが責務であると考えます。

3　子どもを取り巻く性情報

近年、インターネットやインターネットへの接続が可能な端末の普及、さらに無線LAN化に伴い、駅・コンビニエンスストア・ファストフード店など、容易にインターネットを利用できる環境が子どもたちの周りに溢れています。子どもたちがインターネットにアクセスすることで、発達に

有害となる性に関する情報につながっていきます。総務省「通信利用動向調査」によると、2001（平成13）年、インターネットの利用状況は57.8％と過半数を超える状況となりました。さらに、2020（令和2）年には83.4％（年齢階層別にみると6〜12歳でも80.7％、13〜19歳で96.6％）と子ども世代にも普及しています。

　このようにインターネットの普及状況を背景に、児童福祉施設に10年以上勤務している職員は、子どもが手にする性情報に変化を感じています。十数年前までは、子どもが生活する施設内で、中高生が手にするアダルト雑誌を見つけ、処分するか預かるなどの対応がありましたが、ここ数年は施設内でアダルト雑誌を見つけることはほとんどありません。各家庭によって状況が異なりますが、小・中・高校生と年齢に比例して、自宅にパソコンが置かれ、さらに子どもたちが個人で持つ携帯電話・タブレット・音楽再生プレイヤー・ポータブルゲーム機を手に入れます。これらの機器は、無線LAN化によるWi-Fiを受信し、インターネットを利用することができます。大人から見えない状況の中、子どもたちは端末の中で日本にとどまらず、世界中の様々な情報とつながり、よい情報に限らず、アダルトサイトなども含めて、氾濫した性情報にも容易につながることになります。子どもがつながっているインターネット利用の状況を大人が把握することが困難な状況になっているのです。

　インターネットの利用により、子どもが有害な情報へつながることへの対策として、大人は「フィルタリング」を用いて、未成年が性的な情報にアクセスできないように制限を掛けることができます。しかし、大人による子どもへの対処は、子どもが得る情報のスピードを超えることができず、常に子どもの状況の後を追う形となっています。例えば、大人が設けた制限に対し、その制限を解除する方法はインターネットで調べることができます。また、制限の掛かっていない友人宅のインターネット環境で、アダルトサイト内にある動画へアクセスし、SDカード等の記録媒体に保存することもあります。保存された動画は、身近な機器で再生することが可能

であり、インターネット環境がなくても子どもたちの目に入ることになります。このようなことからも、子どもの情報を大人が超えることができないことを前提に対策を考えなければなりません。

　子どもがアクセスしたアダルトサイトの中には、画像や動画に編集が加えられず、つまり「モザイク処理」がなされず、性器の部分が高画質で映し出されるもの、暴力的な性的場面が描かれたものも少なくはありません。発達に有害となるサイトから得る情報を把握し、完全に子どもの目に入らないように対策を講じることは困難であることを前提に、我々大人は、「正しい性の知識・情報」を子どもに提供し、子どもが目にする氾濫した性情報に「正しい知識のフィルター」を提供しなければなりません。前項で紹介した、『国際セクシュアリティ教育ガイダンス』の冒頭にある、「私たち大人が、子どもを『放置』するか、または普遍的価値と人権を基盤にした明瞭で十分に詳しい科学的な基礎に基づいたセクシュアリティ教育に『挑戦』するかの選択肢を持っている」とのメッセージを、子どもを取り巻く性情報が氾濫している現状に鑑みたとき、「挑戦」以外の選択はないと考えます。

4　学習会形式の性教育——社会的養護施設における必須テーマ

　「性教育」には、様々なテーマがあり、すでに紹介した『国際セクシュアリティ教育ガイダンス』にも示されたように、包括的に学び、子どもへ伝えていかなければなりません。ここでは、北沢杏子が示した「性教育の樹」[3]を紹介し、社会的養護施設が子どもに伝えていくべき、性教育のテーマについて考えます。

　北沢は、「性教育を処置教育、生殖教育、生理教育に終わらせるのではなく、人権教育を元に両性の平等を目指している。性とは元来、愛の原動力となり、豊かな人間関係を創りあげるものである。しかし、他方では、買売春などの貧しい性や性暴力など、人を傷つける性が横行しているのも事

実である。性教育をするものは、確かな視点と知識を持ち、理想的な性の概念を伝える重要な役割を持っていることを自覚したい」と語っています[4]。

　図1-1の「性教育の樹」は、幹に「大切ないのち　どういきるのか」とあり、幹の実現に向け、様々に枝分かれしたテーマや問題提起がなされています。

　ここでは、図1-1で示された4つのカテゴリーとその具体的なテーマをあげます。

①「生殖」受精・性交・妊娠・出産…
②「生理」初経月経閉経・射精夢精・男女のちがい・二次性徴…
③「処置」月経の手当・避妊・マスターベーション・感染症・健康…
④「社会」性暴力・DV・性情報・マイノリティー・恋愛・家族…

これから人生を歩んでいくうえで、これらすべてのテーマについて知っ

図1-1　性教育の樹（アーニ出版、北沢氏作成）

ておく必要があります。しかし、子どもにこれらのテーマについて正しい情報をわかりやすく伝えることは難しいと感じられるのではないでしょうか。それは、大人がこれらのテーマについて、これまでの人生の中で、正しく学ぶ機会がなかったか、または少なかったためだと考えます。すなわち、大人自信がインプット、つまり性に関する学びの機会を得ていなかったのです。インプット、つまり学んだ経験のない大人は、子どもに学びを提供することはできません。まずは、大人が性に関する学びを始めるか、あるいは子どもと共に学ぶ機会を作ることが必要です。

　そして社会的養護関係施設において、なぜ性教育が必要なのか、また、何から伝えるべきか、について、北沢の「性教育の樹」（図1-1）を参考に考えます。

　施設入所を余儀なくされた子どもの背景に注目すると、一人一人個々にその原因は異なりますが、その中でもいくつか共通した背景があります。ここでは4つの背景について紹介します。

①大切にされたと実感できる養育が少なかった

　自分の大切な体・時間・場所・物が保証されることなく、何らかの原因により自分の大切なものを奪われた生活を体験しています。

②自分の誕生・存在をマイナスに捉えている

　養育者からの暴力・暴言・放任など、被虐待体験により、自己の存在を否定される養育を受けています。そのことにより、自分の存在を肯定的に捉える体験が少なく、私なんて産まれてこなければよかったとの想いを抱いている子どもが少なくありません。

③自他の境界が曖昧（虐待による自分への侵入・支配被支配関係）

　被虐待体験により、自分の心身に侵入を受けています。また、施設での集団生活により入所中も境界が曖昧な環境で過ごしています。

④年齢にふさわしくない体験をしている

　親の離婚や再婚により、父とその彼女・母とその彼氏など家庭内に親の

パートナーが出入りしています。中には親が離婚・再婚を繰り返している
ケースがあります。親である夫婦の関係性の中に育つというより、彼氏彼
女の関係性の中に曝されていることがあります。そのような状況により、
家庭内で親とそのパートナーとの性的接触の場面を目にしている子どもも
います。また、ネグレクト家庭により、子どもが得る性情報に養育者が介
入することなく、氾濫した情報に放置されていることもあります。また、
施設での集団生活により、年上の児童から受ける情報に曝されることもあ
ります。

　性教育に関する様々なテーマについて、子どもにどのテーマも伝えたい
ところではありますが、これらの背景に鑑みて、必須テーマをベースとし
て押さえ、その上に様々なテーマが構築されていくものであると考えます。
まずは、以下に社会的養護施設における必須テーマを示します。

　自己肯定感……「あなたは大切な存在である。これまで虐待をはじめ不
当な扱いを受けてきた。あなたは決して殴られてもよい存在ではなかった。
あなたに暴力を振るった大人のやり方が間違っていた」このように自分が
悪いのではなかったとの認知の修正が必要です。生い立ちを整理し、被害
者としてのケアにより、過去に不当な扱いを受けてきたことによる影響に
左右されない人生の獲得が必要です。
　生命誕生……「生まれてこなければよかった」と誕生したことやこれま
での成育歴を悲観的に捉え、自己の誕生を否定していることがあります。
これまでの人生を、養育者から受けた愛情で振り返ることは複雑な心境と
なります。小学校の授業で行われる「保護者への感謝の手紙」「二分の一
成人式」などは、辛い時間となります。保護者からの愛情や血のつながり
ではなく、科学的な視点による生命誕生について知ることで、「自らの
力」で生きてきたと確認する機会になります。

境界線（人との距離・自他の境界）……自分の体への暴力（身体的虐待）・心への暴力（心理的虐待）・性的な侵入（性的虐待）・他から自分を守る保護膜が養育者に用意されなかった（ネグレクト）いわゆる、被虐待体験によって他から様々な侵入を受けてきた経験をもっています。そのことが影響して、極端に人との距離が近かったりまたは遠ざけたりと、対人関係の距離感が不安定な状況となっています。

　プライベートゾーン……社会的養護施設では、様々な事情により、施設生活を余儀なくされた児童が保護され、安心・安全な生活を送るために措置されています。しかし、安心・安全であるべき施設で、入所児童間の性的事件が起きています。特に他児のプライベートゾーンへの接触の事案が多く、そのことへの防止として、プライベートゾーンに関する学びの提供が必要です。

　情報への対策……インターネットの普及に伴い、子どもがつながるサイトによって、不適切な情報があります。とくにアダルトサイトでは暴力的な性情報が氾濫しています。また、SNSではユーザー間での個人情報の氾濫や誹謗中傷など様々な問題が発生しています。子どもに正しい情報を伝えることで、「正しいフィルター」を付け、ネットを有効的かつ安全に活用してもらいたいと考えます。

　社会的養護関係施設では、これらの5つの必須テーマへの学習の機会を通して、「自分は大切な存在である。個々の大切な体・時間・場所・物」についての学びの場を設定する必要があります。「自分の大切」が他者にもあること、そしてそれを侵してはならないことを子どもたちがどのように理解し、他者との関係を築いていくのかについて、実践面での検討を始めなければなりません。そのためには、初めに「自分の大切」＝一人称の学習です。自分にも大切なものがあるから同じく他人にもある。自分もその大切なものを奪われると困るから同じく他人も奪われると困る。すなわ

ち、この一人称のインプットがなければ、「他人の大切」への理解（二人称）は深まりません。他人の権利や気持ちを理解する前提に「自分の権利・気持ち」への獲得が必要になります。過去の養育の中で、「自分は大切な存在である」というメッセージが伝えられていない、または実感できていない。このことを前提に、提供するプログラムのあり方や方法について考えなければなりません。

5　伝える性教育から伝わる性教育へ──教材作成と実践の工夫

　筆者が所属する一宮学園では、プライベートシリーズと題し、「自分の大切な体」「大切な時間」「大切な場所」「大切な物」とシリーズ化して、手作りの教材を作成して、子どもへの性教育実践に使っています（一宮学園の性教育プログラムについては、第6章で紹介します）。

　なぜ、手作りの教材を使用しているかについては、施設入所を余儀なくされた子どもの背景に注目した結果にあります。一般的に販売されている絵本などを使用したこともありましたが、そうするとうまく伝わらないという壁にぶち当たりました。「〜してはいけません」「〜しましょう」と大人が求める理想的な行動指導をしても、結果、困った時の相談にはつながりません。紙芝居で場面を提示して、「こんな時、どう対処しますか？」と問いかける実践をしています。教材を作る過程から実践まで、常に『3つのC』を意識して取り組んでいます。「3つのC」とは、clear＝明確に、concrete＝具体的に、creative＝創造的に、子どもへの教材や実践では、一方的に大人が語り、それを子どもが聞くスタイルではなく、明確にわかりやすく伝えること、具体的に伝えることですぐに行動レベルに移せるように、そして主体者は子どもであり自身で創造的に考え次なるスキルに結びつくことを目指して、「伝わる」性教育を目指しています。

6 「性」と「生」——生活場面における取り組み

　性教育委員会がプログラム・教材を作成し、グループによる実践を行っている中で、個々の言動から課題が見えてきます。理解している児童・理解できていない児童、内容について向き合えず逃避するなど、過去の性被害体験を表す児童、実践に来なくなる児童など、反応は個々によって様々です。グループでの実践は、シンプルなルールの共有（プライベートゾーンは見ない・触らないなど）、他人の考えや行動のスキルを知る機会となります。しかし、その一方で、実践から見えた反応を"個"としてフォローできなければ、「一人ひとり大切な存在である」という実践内容は、生活の中で「大切にされている実感」へと結びつきません。性教育の場所・時間だけが"個"として扱われ、集団生活の中で"個"が大切に扱われず埋没している、という側面があることは否めません。

　この現状を打破するためには、性教育で伝えている視点を日常生活に生かすこと、日常生活の中で個々の性への課題について扱うことが必要です。「一人ひとり大切な存在」が実感できる仕組み作りの中で、性教育の視点から生活のあり方を検証することが重要です。「自分の大切さ」は、本来は家庭という安定した生活基盤の中で伝えられるもの・伝わるものですが、家庭に代わり養育している施設であっても、生活の中で「自己の大切さ」の実感に向け取り組むことが必要です。

　大切さの実感へのアプローチについて二つあげます。まず一つは「環境整備」です。環境を整えることは、そこで生活している児童を大切に扱うということです。心地よい環境の提供は、快・不快の感覚を取り戻すことになります。暴力から感覚を麻痺させ生き延びてきた児童の感覚は、学習会形式の性教育のアプローチではなく、生活の中で感じる「実感」の積み重ねにより回復するものです。人との距離「感」、自己「感」をベースとした自己肯定「感」、いわゆる「感」は、教育で得るものでなく、感覚への働きかけ、すなわち日々の生活の中で実感し体得するものであると考えます。

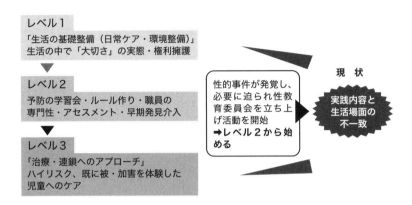

図1-2　性教育の3レベル（筆者作成）

　もう一つは、小さいことの積み重ね「身体へのケア」です。本書を手にした入所施設で勤務している方は、入所児童の「爪」を確認してください。そして、爪切りの実践から始めましょう。「伸びた爪」、すなわち日々の些細な成長に、大人が注目し、爪切りを通して大切なあなたへのケアは、後に「大切な私」への実感に繋がっていくと確信しています。

　様々な治療プログラムが他国から導入され、そのプログラムの提供による回復に向けたアプローチが始まっています。一方で、生活の中で提供される身体へのケアについては、これまでの実践を滞りなく、さらに丁寧な対応が求められ、その実践の基盤があってこそ、治療プログラムが効果的なものになると考えます。

　近年、児童福祉施設において性の問題が頻発し、対応に迫られ性教育を始めている施設が増えています。それを受けている子どもに大人のメッセージがどれほど伝わっているのか、という疑問を常にもっています。

　過去から現在の養育の中で育まれる「自分は大切な存在である」との実感は、その先の「自分の大切は他人にもある」ということにつながります。

本来は、安定した生活の基盤（日常ケア・環境整備等）の中で大切さを実感するものです。図1-2を見てみましょう、必要に迫られ始動した実践では、生活という裏付けのない、いわば実感を伴わない中で、「あなたは大切な存在」という言葉のみが性「教育」の枠組みで語られてきました。このような性教育実践（レベル2）を重ねる中で、必要に応じて日常ケアの工夫・整備（レベル1）に立ち戻って着手するという反復がなければ、実践と実生活に大きな隔たりが生まれると考えます。

　これまでの取り組みの中で、性の問題は性教育のみでは解決されず、生活で展開させるケアとそれを支える組織運営がベースとなり、はじめて「伝える性教育」から「伝わる生（性）教育」＝実感へと変化することを学びました。「性教育」と「生活支援」両輪によって、子ども自身の回復に向けた取り組みが必要になります。

　［注］
　1　平成27年2月17日厚生労働省雇用均等・児童家庭局長、社会・援護局長通知「社会的養護関係施設における第三者評価及び自己評価の実施について」
　2　ユネスコ（編）浅井春夫ほか（訳）『国際セクシュアリティ教育ガイダンス』明石書店、2017年
　3　アーニ出版WEBホームページより http://www.ahni.co.jp　アーニ出版1階のアーニホールにも展示
　4　『世界の児童と母性』71号、72〜75ページ。2011年10月　資生堂社会福祉事業財団

第2章

性教育の意義と目的
——現場からの提言

1 「生きること」につながる性教育

小林千夏

　児童養護施設等の施設内外で起こる子どもの性的問題に対応しようと
するとき、多くの職員が考えることのひとつに「とにかく性教育プログ
ラムを実施しよう！」ということがあるのではないでしょうか。性教育
というと、二次性徴・性交・性感染症・避妊・妊娠・出産等の生殖にま
つわるイメージが浮かんでくることが一般的だと思います。これらは生
命に直結しており、人間の営みの重要な要素であることは明白です。し
かし、児童養護施設等の職員は生殖にまつわる性教育が目の前の子ども
たちのニーズと必ずしも合致しない感覚を持ち、どのような内容をどの
ように伝えるのがよいのかと混乱に陥ることがしばしばあると思います。
　では、子どもたちのニーズとは何なのか。1つの例を挙げて考えたい
と思います。小学校4年生になると〈2分の1成人式〉という授業を行
うことがあります。10歳までの人生を振り返り、保護者や友達などに
感謝を伝え、育まれてきた命を喜ぶというものです。素敵な内容ではあ
りますが、施設で暮らす子どもたちが取り組むには難しい部分もありま
す。それは、これまでの人生が決して良い思い出ばかりではないからで

す。過去を振り返る際の子どもたちの気持ちは様々です。虐待によるトラウマで毎日息をするだけで精一杯な子どももいますし、保護者や生まれ育った地域から切り離されたという喪失感を持っている子どももいます。他にも、家族交流がないため情報が少ないということや、保護者が母子健康手帳を紛失してしまい記録を確認できないというような物理的要因により寂しい想いをする子どももいます。現在は、学校での理解も進み〈2分の1成人式〉のあり方も様々な背景を持つ子どもに配慮されているようですが、この例でお示ししたかったことは、複雑な家庭背景と被虐待体験を持つ子どもたちに命の大切さを伝えようとする場合、〈大切にされなかった過去〉をどのように修正し、乗り越えていくことができるのかという点にあると思います。

　このことについて、私が重要だと感じていることを記述します。はじめに、性教育プログラムを通じて、子どもたちが心と身体、人権等に関する知識を得ながら、そこで沸き起こる様々な気持ちのすべてを職員や仲間たちに肯定され、尊重されるという体験を持つことが大切だと考えています。次のステップでは、性教育プログラムで学んだことやその体験を日常生活で試してみることが必要となります。この学びと試みの繰り返しが〈大切にされなかった過去〉を〈大切な私である現在〉へつなげる役目を果たしてくれます。

　性教育プログラムと生活支援は車の両輪であるとよく例えられます。傷ついた経験を持つ子どもたちが生活する場であるからこそ、〈大切な私〉を学ぶことのできる性教育プログラムを施設内で実施することは、とても意味のあることだと思いますし、子どもたちが試すことができる安全・安心な環境を職員は作る必要があります。

　職員ができることをいくつか挙げたいと思います。1つ目は、衣食住を基盤としたいつも変わらない安定した生活環境を提供するということです。あたたかい食事、清潔な衣類、整えられた居室など子どもたちは五感を通じて大切にされている感覚を持つことができます。2つ目は、子どもたち

のアタッチメント欲求にしっかりと寄り添うということです。アタッチメント欲求に応えてもらうことは、子どもたちが安心して生活するための基盤となります。そのためにも、アタッチメントの原理を深く知っておく必要があります。3つ目は、性的問題の背景や原理についての知識を持つことです。起きている性的問題がトラウマ反応なのか、誤学習によるものなのか等をアセスメントできることはその子どもの適切な対応につながります。これら以外にも、職員同士の対話ができる風通しのよい人間関係を作る等、できることはたくさんあります。どのような環境を提供できるのか所属機関で話し合えることが大切だと思います。

　さて、児童養護施設等の性教育は何かしらの性的問題をきっかけに始まりがちです。そのため、性教育がルールの押し付けの場となってしまうことも少なくありません。私たちが覚えておかなければならないのは、性的問題がなくなることは結果であり、子どもたちが〈大切な私〉だと感じられるようになることが目的だということです。子どもたち一人ひとりの「大切な私」の実感がその健全な成長を助け、将来に向けた大きな力なると考えています。

2　「性教育」を提供する時に伝えたいこと

足立泰代

　児童養護施設の子どもたちは、たくさんの「生きづらさ」を抱え生活しています。子どもたちは、書類上の主訴だけではなく、それまで地域や家庭の中での様々な逆境的体験が折り重なり、それを自分の中で消化されず、抱え込んだまま入所してきます。

　「幼小児期に虐待や養育機能不全があると、それを基盤にして社会的心理的認知の障害が発生する可能性が高まる。これらを起因としてハイリスクな行動（e.g.; 飲酒・薬物・喫煙・非行・性行為・暴力行為・自殺企図）が

惹起されやすくなる」（松浦・橋本・十一 2007）。また、「養育者からの虐待やネグレクトは、子どもの自己や他者、世界に対する捉え方を大きく歪ませる。親密な関係性が築けず、他者とのよい関わりを経験できなくなることで、対人トラブルが起こりやすい」（野坂祐子 2019）とされています。

　それは、施設生活の中で表出され、それまでに培ってきた歪んだコミュニケーションの術を人とつながる方法として、そのまま施設の中や地域の中で、職員や子どもたちや自分に関わる様々な人たちとの間で用いて「問題行動」の形として表面化されます。しかし、それは子どもたちのSOSのサインでもあります。「性教育」を提供するときに、そのSOSの読み解きなくしては、安全な性教育を届けることができません。

　では、そのサインをどのように読み解いていくとよいのか、「性教育」の視点からご紹介します。

(1) 性の健康発達か問題行動かを見極める

　子どもたちは、自然に健康な状態で成長していく中で自分のからだや他の人のからだに興味をもっていきます。「性的発達とは、人生のなかで性的な判断が問われる場面での性的自己決定ができる能力を獲得するプロセスであり、性的自立と共生の関係を形成していく能力のこと。性的発達はライフステージを貫いて獲得可能な課題であり、その努力を怠ると用意に後退する柔軟性をもっているのである」（浅井春夫 2007）そして、誰かを好きになったり、もっと近づいてみたいと思う感情も自然な発達の中で見られます。とされています。

　しかし、施設の中で「性をめぐる言動」がみられると、その行為のみに翻弄され、現場では混乱が起きることも少なくありません。

　そこで一呼吸おいて、今起きている状況をチームで共有し、見直してみると、性的発達においてライフステージを貫いている課題なのか、特別な対応が必要な行為なのか、が見えてきます。そのため、自然な性発達の

観点をもっておくことは、あらゆる場面でも支援の助けになります。

　また、自然な発達の中で見られる行為であってもその時の関係性、環境、状況など総合的な視点からアセスメントしていくことは大切です。

(2)　トラウマインフォームドケア

　子どもたちが性問題行動を起こしたときに、「発達障害の特性によるもの？　トラウマが原因？　愛着障害が原因？」とどれかの枠にはめて考えようとしてしまいがちです。もちろん明らかに発達の課題を抱えている場合は、それに対する支援も必要です。しかし、すべてのケースについて枠づけから入るとその枠にはまりきらなかった場合、結局、解決につながらない場合もあります。

　昨今、対人援助の場ではトラウマインフォームドケア（Trauma Informed Care: 以下、TIC）という概念が広がってきています。

　TIC とは、「トラウマの影響を理解し、敏感に察知することを基盤とし、ストレングスを高めていく支援体制であり、支援を提供する側と受ける側の両方の身体的．心理的情緒的な安全を強化し．支援を受けるものが自己コントロール感とエンパワメントを獲得する機会を創造していく支援 体制である」と定義されています（Hopperet al., 2010）。

　「トラウマインフォームドケアは専門的なトラウマ治療の技術を持たない臨床家でも提供できる新たなケアの枠組みである」（亀岡 2020）、また「トラウマインフォームドケアは、子どもと支援者が過去に子どもに起こった出来事（被虐待というトラウマ体験）が、子どもの心身の状態や行動にどのような影響を与えるかについての理解を共有し、子どもの安全感や自己コントロール感を高め、支援者の自己効力感を支える支援体制である」（中村・瀧野 2015）とされています。

　それは「枠」から入るのではなくて、「トラウマのメガネ」を掛けて「その子ども自身をよく見てみる」ということです。

　そして、トラウマに関する心理教育を行い、「こころのケガ」をしてい

ることに気付き、適切な対処法を学ぶことよって安全感や安心感を高めるアプローチを行います。これが トラウマインフォームドケア（Trauma-Informed Care: TIC）と呼ばれるものです。TIC は、トラウマのエピソードを扱う専門治療とは異なり、健康や安全に関する基本的な情報を共有することを目的として、いつでも、だれでも、実践できるものです。とくに「こころのケガ」をした子どもたちと関わる現場においては、子どもたちの行動の背景にあるトラウマについて理解し、適切に対応することで、再び子どもを傷つける"再トラウマ"を予防しなければなりません。トラウマの観点から理解する「トラウマのメガネ」を用いて子どもの行動を見ると、それらは"問題行動"というより「トラウマ反応」であることが見えてくるかもしれません[1]。

　トラウマの影響は、見過ごされやすく、誤解されやすいと思います。「問題行動」とみなされる言動については先ほど述べたように、「トラウマのメガネ」で見てみることが大事です。この TIC のアプローチは、生きづらさを抱える子どもや大人を理解するのに役立ちますし、支援の方向性を明確にしてくれます（野坂 2019）。

　様々な子どもの問題としてみえる行動は、実は「トラウマ反応」だと言えます。問題は子どもの中にあるのではなく、今まで培ってきた関係性からくるトラウマの反応であると理解することで、その問題解決の糸口が探しやすくなるということです。

　子どもたちの「問題行動」に出会った時に「なんでそんなことしたの？」と言いがちですが、そこを「どうしたの？（あなたのなかで何が起きてるの？）」と尋ねてみてください。そのことにより、「問題行動」の見え方が全く違ってきます。そして、子どもの問題行動のトリガー（引きがね）を一緒に探します。その行動の前に何があったのか、環境は、状況は、トリガーは何だったのか。多くの場合は、子ども自身も気づいていません。でも、それを一緒に探すことができるのは、生活を共にしている生活支援の現場です。トリガーが見つかると、それを避ける方法を一緒に

考えていくことができます。結果として、問題行動の回避にもつながっていき、生活自体の見直しを子どもと一緒に行うことで、子ども自身が大人への信頼を回復していく作業になっていきます。性的問題行動への対応として、一見遠回りしているようにみえますが、何よりの近道であると考えています。

TICこそ、生活支援の現場の専門性が際立つアプローチです。

また、見過ごされがちな子どもたちの言動に「無」の症状があります。壮絶な体験をしてきたにもかかわらず、「感情を表に出さず、淡々と平気な顔で生活しているように見えたり」「悲しい、嬉しいなどの気持ちの名前は知っていてもが、本当の気持ちの状態を知らなかったり」ということがあります。そのような子どもも、実は大きなトラウマのマグマを抱えている場合があります。あまりにもショッキングな出来事に出会うと、人は感情を麻痺させることで自分を守ろうとします。そして、そのショッキングな出来事が去った今もまだ麻痺させ続けているということは、気持ちのフリーズが起きているとも言えるのです。

このような子どもたちに対してもぜひ「トラウマのメガネ」をかけてみてください。本人も気付かないでいることが多いので、職員がどうぞ気付いてあげてください。まず、気付くことが、フリーズを少しずつ溶かす最初の一滴になると思っています。

(3) アタッチメントの視点をもつ

アタッチメントとは、ボウルヴィ（e. g. Bowlby）が提唱した概念で「人が特定の他者との間に築く緊密な情緒的結びつき（emotional bond）であるとするものである」（数井・遠藤編 2005）。

そして、そのアタッチメントの構築が子どもの発達（性の自然の発達も含む）の基盤になっていきます。篠原（2017）は「アタッチメントが安定しているとか、回避型といった表現をされているものは、子どもと誰かの間に築かれた『関係の質』『関係の特徴』であり、その子ども個人の特

徴ではないことを正しく理解しておくことが肝要であろう」と述べています。

　また遠藤（2017）は「被虐待児のなかには、他者が示す様々な表情のなかでも（悲しみや苦痛には鈍感である一方で）怒りの表情だけには敏感であったり、また特定の表情が浮かんでいない真顔を、悪意ある怒りの表情と誤って知覚してしまったりする子どもが、相対的に多いということが実証的に示されている。たとえ自身に対して温かいケアを施してくれるような他者が眼前にいたとしても、被虐待児は多分にその他者から歪んだかたちで自身に対する無関心や悪意を読み取ってしまいがちである」と述べています。子どもの性的問題行動をアセスメントするときに、アタッチメントの視点をもっておくことはとても大切です。「この子の問題」ではなく「この子が今まで人と繋がる方法を誤って学ばされてきたことから生じた問題」として見えてきます。そうすると、誰も攻めることなく、問題解決の糸口を探っていくことができます。

(4) 境界線を意識してみる

　境界線には以下のような3種類があるとされています（野坂・浅野 2017）。

　物理的境界線（自分のからだや持ちものを守る境界線）

　心理的境界線（こころや気持ちを守る境界線）

　社会的境界線（社会的なルールやマナーで規定された境界線）

　「境界線（バウンダリー）とは、個人の安心・安全を守るために、人のからだや持ちもの、気持ち、行動の周囲にひかれている目に見えない想像上の線のことです。境界線は生まれつき身につけているものではなく、人が育つなかで、周囲の人が自分や他の人をどう扱うかを見聞きしながら学んでいくものです」（野坂・浅野 2017）。

　境界線は、子どもたちだけが意識するものではなく、大人との関係において育まれていきます。その時々によって、または人によって、境界線が違うと子どもたちは混乱します。生活の中ではついつい、馴れや日常のバ

タバタによって「まあいいか」と子どもたちの境界線に子どもたち同士や職員も無意識の間に侵入してしまっていることがあります。そのことで、子どもが「突然キレたり」「性を使って侵入したり」などの「問題行動」を起こしたりします。それは、境界線の侵入が様々な問題行動のトリガー（ひきがね）になっていることがあることを示しています。そのために、大人がまず、子どもの境界線を守るモデルになる、境界線に許可なく侵入しない、といったことが大切です。やむを得ず境界線に侵入しないといけないとき（子どもの部屋に入る。物に触る、借りるなど）には、大人も必ず許可をとることが重要です。そのように大人がまずモデルとなることを日常生活の中で意識していくことで、子どもたちにも境界線を守る、侵入しない。でも必要な時には境界線を開くこともできる、ことの意識づけができるようになってきます。そのことが、性被害、加害を防ぐ第一歩になると考えています。

(5) グリーフケアの視点をもつ

　グリーフケアの視点をもつというのは、子どもたちの主訴、生育歴を見直した時に、子どもたちが入所するに至った喪失体験について敏感になることです。

　子どもたちは入所前に様々な喪失体験を経ています。
大切な人の死別体験（父またはパートナーからの暴力による母の死。精神疾患による養育者の自死の目撃。虐待によるきょうだいの死。養育者であった祖父母の死など）や、離別体験です。大切な場所の喪失、物の喪失。そこからくる悲嘆。子どもたち自身も気付かない悲嘆もあります。フロイトもかつて、Mouning work〈悲哀の仕事〉と言って、悲哀から立ち直るまでのプロセスの大切さを説いています。

　一見、明るく元気そうに見えるから「もう大丈夫」なのではなくて、それは必死に今の状況に順応しようとしている反応であって、癒やされない悲嘆は減らないで抱えたまま生活しています。しかし、実際に本人も他者

とどうやって近づいたり、離れたりしたらいいかわからず、不自然な距離感になってしまっていることもあります[2]。

　周りから見ると「距離感の取れない子」と見られてしまいます。したがって、「距離の取り方を教えましょう」とスキルのみを伝えても、その子どもの本来抱えている問題の解決には何もならないことがあります。

　一人ひとりの抱えている問題を考える時、悲嘆について十分アセスメントすることが重要です。

　距離感が取れない子がいたら、まず、その子どもをトラウマインフォームドケア（TIC）の視点で見てみる。そして、その子どもの喪失体験はどのようなものであったのか、思いを馳せて、そこにしっかりと寄り添っていく。そのことによって、その子どもにとっての本当に安心安全な「性」とは何かが見えてくるかもしれません。

(6) 二次的トラウマティックストレスについての知識をもつ
──社会的養護の仕事は感情労働！

　トラウマにさらされてきた子どもたちに出会っていると、寄り添っている支援者が影響を受けてしまうことがあります。このことを二次的トラウマティックストレス（Secondary Traumatic Stress：STS）と言います。STSとは「トラウマを体験した人たちと関わる支援職に、対応の中で生じる二次的なトラウマ反応。トラウマ類似の状況に過敏になったり、回避したり、過剰反応したりしてしまい、適切な支援が困難になることがある」（白井 2013）と定義されています。とくに子どもたちが表出する性問題行動は、支援者自身が自分のセクシャリティを揺るがされたり、築きあげてきた価値観がくつがえされそうになったりします。そのうえ、支援していても、効果が見えなかったり、信頼を裏切られたような気持ちになる事案が連続して起こったりして、STSを発症しやすい状況になります。

　その症状として・イライラ・過小評価・怒りと皮肉・慢性的な疲労・身

体不調・回避・境界の減弱・セルフケアの減少・暴力への無感覚・創造性の喪失などがあります。

　そして、福祉領域で働く専門家の多くがSTS、またはPTSDか代理トラウマ（代理トラウマとは、こどもたちのトラウマの表現、表出に持続してさらされることによって、支援者自身の臨床感、人生観、支援観、援助観まで影響を受けてしまうということ〔中島編 2018〕）のハイリスクであり、その他、トラウマ体験をした子どもに直接、接する専門家やトラウマ体験を聴衆する立場にある人たちはみんなSTSハイリスクを抱えていると言われています。

　子どもたちを支援する仕事、子どもたちの傷つきに敏感な仕事、それはまず、自分自身の心の状態に敏感になり、自分の心とからだを守ることが一番であると考えています。その予防策として個人としては、①STSについてのスーパーバイズ（SV）を受ける、②適量の運動と食事、③STSへの気づき、④セルフケアの実践、⑤健康なワークライフバランス、⑥周囲と連携するなどがあげられます。そして職場としては①職員の身体的安全の強化、②STSを相談できる外部機関との連携、③職員のリスクやレジリエンスの経時的評価などがあげられます（B.H.スタム編 2003）。

　そして、それを示すことは、子どもが自分の心とからだを守るためのモデルになっていきます。

　社会的養護の仕事は「感情労働」です。その感情を保護するために、知識という武器や、自分なりの予防策という盾を持つことができると良いのですが、現実はそのような武器を蓄えたり、盾を準備する時間すらない現状も多くあります。

　そのために、せめて、地域社会で生活する一人一人の大人たちが、入所する全ての子どもたちはかつて地域社会で生活していたことに気づき、自分の地域の子どもたちにほんの少し思いを馳せることができる社会になることが、施設を社会で支える土壌作りになっていくのではないかと考えて

います。

［注］
1　野坂祐子（作成協力）山本恒雄・亀岡智美・浅野恭子「わたしに何が起きているの？
　　──自分についてもっとわかるために支援者用ガイド（2020年3月1日発）」csh-lab.
　　com/3sc/wp/wp-content/themes/3sc/img/document/document200327_01.pdf
2　この内容については、加藤寛（2019）「死別と悲嘆（グリーフ）を理解するために」髙
　　木慶子（2019）「人生の中の悲しみを生き抜く力」2019年度ひょうごヒューマンケアカレ
　　ッジ「グリーフケア講座」研修より。

［文献］
浅井春夫（2007）『子どもと性』日本図書センター、p.197
B.H. スタム（編）小西聖子・金田ユリ子（訳）（2003）『二次的外傷性ストレス──臨床家、
　　研究者、教育者のためのセルフケアの問題』誠信書房
遠藤利彦（2017）「生涯にわたるアタッチメント」北川恵・工藤晋平（編著『）アタッチメ
　　ントに基づく評価と支援』誠信書房、p.5
Hopperet al., 2010
数井みゆき・遠藤利彦（編）（2005）『アタッチメント──生涯にわたる絆』ミネルヴァ書房、
　　p.1
松浦直己・橋本俊顕・十一元三（2007）「非行と小児期逆境体験及び不適切養育との関連に
　　ついての検討」兵庫教育大学研究紀要、p.219
中島健一編（2018）『公認心理師の基礎と実践17　福祉心理学』遠見書房、pp.174-179
中村有吾・瀧野揚三（2015）「トラウマインフォームドケアにおけるケアの概念と実際」『学
　　校危機とメンタルケア』第7巻
野坂祐子（作成協力）山本恒雄・亀岡智美・浅野恭子「わたしに何が起きているの？
　　──自分についてもっとわかるために支援者用ガイド（2020年3月1日発）」csh-lab.
　　com/3sc/wp/wp-content/themes/3sc/img/document/document200327_01.pdf
野坂祐子（2019）『トラウマインフォームドケア──"問題行動"を捉えなおす援助の視点』、
　　25、日本評論社
野坂祐子・浅野恭子（2017）『マイステップ──性被害を受けた子どもと支援者のための心
　　理教育』誠信書房、pp.46-59
篠原郁子（2017）「乳幼児期のアタッチメントとその後の心理社会的発達」北川恵・工藤晋
　　平（編著）『アタッチメントに基づく評価と支援』』誠信書房、p.42
白井明美（2013）藤森和美・野坂祐子（編）『子どもへの性暴力──その理解と支援』誠信
　　書房、p.116

第3章

性的問題における法的視点の重要性

杉浦ひとみ

1 性的自由の侵害は違法

(1) 性被害が発生したとき

　児童養護施設、児童自立支援施設等の中で性加害・性被害の問題が起きたとき、よほど大きな問題でない限り、警察に届けることなく、また、被害を受けた児童（その保護者）が加害児童（その保護者）に損害賠償を求めるということはないでしょう。施設の中で解決されることが多いと思います。少し前であれば、性的な問題は加害者も被害者も恥ずかしいことで、女児であれば今後に不利益が生じる可能性もあるし、施設の恥にもなるから公にするようなことではない、大事にせず「なかったこと」にしようといった対応さえとられていたのではないでしょうか。

　これは、施設の中だけではなく社会の中でもそうです。被害者は「性被害を受けた人間」とみられることや、被害者にも落ち度があった、男女の間での（関わる必要のない）問題などととられることから、訴えにくく、また訴えても正しく取り扱ってもらえないことの多い問題でした。

(2) 性的被害の結果は重大

　性被害は個人の身体に対する侵害だけではなく、人格にかかわるとても

重要な権利を傷つけます。身体に痛みを受けたり傷を残したりするだけでなく、心を傷つけ、その心の傷は長く残りその後の人生にも影響を与える大きな被害なのです。筆者が実際に関わった事件でも、ナイフで顔を切りつけられ顔に傷が残った被害者よりも、性的に被害を受けた人の方が、人生に大きな影響を残してしまったという例がありました。自分は汚れてしまった、そういうことをされてもいい人間なんだと、自分の価値を低く思ってしまうということがあるのです。このように性的に被害を受けることは人の尊厳を害する重大な問題なのです。

(3) 性加害を軽く考えることは誤り

　性加害は、好奇心や悪ふざけで性的欲求を満たすという自分勝手な思いや、自分の力を誇示したり相手をおとしめたりするために行う卑劣な行為です。社会の性的問題に対する無理解に支えられて、大したことではないやっても許されると考え、被害者が被害を訴えにくいことに乗じて行うのです。しかし、この卑劣さは、実は犯罪を起こした者同士が一番よく知っていて、性犯罪者は刑務所の受刑者同士の中でも最も蔑まれるということを何人かの刑務官から聞いたことがあります。

　このように、まず社会が、つまり大人が性被害の問題性を理解し、社会の空気にし、それを子どもに伝え、子どもが自分自身を守るとともに、被害があったらすぐに SOS を出さなければいけないと知らせることが重要です。これが性的問題の支援の第一歩です。

(4) 性被害に対する社会の意識の変化──刑法改正の例

　最近は、性的被害が、人の身体を傷つける傷害罪や人を脅して物を取る強盗罪以上に人を傷つける行為であることが知られるようになってきました（強姦は「魂の殺人」という表現もされます）。法律上では刑法で強姦罪、強制わいせつ罪として処罰の対象にされていましたが、その被害の大きさへの理解が進んだことから、2017 年に刑法は改正され、処罰の範囲が広

がり、刑も重くなりました[1]。

2 性加害は法的にどう扱われているか

(1) 性的自由の侵害

　性的な自由を侵害する行為も身体に対する侵害です。身体に対する自由は憲法第18条（人身の自由の保障）によって保障されています。また、性に対する侵害は人の心や自尊心を傷つけるもので、憲法第13条（個人の尊厳の保障）によって保障されています。このように憲法が保障している権利を侵害する行為であるので、刑法などの法律で刑罰を科される行為として下記（2）①のように犯罪とされています。民法では、社会のありとあらゆる違法行為を個別にあげることはできないので「不法」な行為を行ったときには損害を賠償せよ、と規定しています（民法709条）。性的自由を侵害する行為は「不法な行為」に当たると判例上も認められているので、損害賠償請求をすることもできます。

(2) 性加害を違法なものとしてあげている法律

　性加害をしたことを罰する法律としては刑法、児童福祉法、児童虐待の防止等に関する法律（児童虐待防止法）、また各地方自治体の定める条例（青少年の育成条例といった名称が多いです）の中に淫行を処罰する規定があります。具体的には以下のような条文があります。

①刑法

　2017年の刑法改正により、とくに第177条で見られるように、肛門、口腔への挿入も本罪となったことから、被害者も男女を問わないこととなりました。

　その他の条文についても以下、確認しておきましょう。

（強制わいせつ）第176条　13歳以上の者に対し、暴行又は脅迫を用いてわいせつな行為をした者は、6月以上十年以下の懲役に処する。13歳未満の者に対し、わいせつな行為をした者も、同様とする。

（強制性交等）第177条　13歳以上の者に対し、暴行又は脅迫を用いて性交、肛（こう）門性交又は口腔（くう）性交（以下「性交等」という。）をした者は、強制性交等の罪とし、五年以上の有期懲役に処する。13歳未満の者に対し、性交等をした者も、同様とする。

（準強制わいせつ及び準強制性交等）第178条　人の心神喪失若しくは抗拒不能に乗じ、又は心神を喪失させ、若しくは抗拒不能にさせて、わいせつな行為をした者は、第176条の例による。2　人の心神喪失若しくは抗拒不能に乗じ、又は心神を喪失させ、若しくは抗拒不能にさせて、性交等をした者は、前条の例による。

（監護者わいせつ及び監護者性交等）第179条　18歳未満の者に対し、その者を現に監護する者であることによる影響力があることに乗じてわいせつな行為をした者は、第176条の例による。2　18歳未満の者に対し、その者を現に監護する者であることによる影響力があることに乗じて性交等をした者は、第177条の例による。

（未遂罪）第180条　第176条から前条までの罪の未遂は、罰する。

（強制わいせつ等致死傷）第181条　第176条、第178条第1項若しくは第179条第1項の罪又はこれらの罪の未遂罪を犯し、よって人を死傷させた者は、無期又は3年以上の懲役に処する。2　第177条、第178条第2項若しくは第179条第2項の罪又はこれらの罪の未遂罪を犯し、よって人を死傷させた者は、無期又は6年以上の懲役に処する。

②児童福祉法

　この法律の目的は、「児童の心身の健やかな成長及び発達並びにその自立を図ること」です（第1条）。このような観点から、第60条で「第34条第1項第6号の規定に違反した者は、10年以下の懲役若しくは300万円以下

の罰金に処し、又はこれを併科する」としています。第34条第1項第6号とは「児童に淫（いん）行をさせる行為」のことです。「淫行」とはみだらな行為、性的な行為を指しますので、刑法よりも範囲が広いことになります。

③児童虐待の防止等に関する法律（児童虐待防止法）

この法律の目的は、虐待が児童の人権を侵害し、その心身の成長及び人格の形成に重大な影響を与えることから、児童に対する虐待の禁止、予防です。

第2条で虐待の定義をあげており、その第2号が「児童にわいせつな行為をすること又は児童をしてわいせつな行為をさせること」と定めています。

このような行為を保護者が行ったときには、児童相談所が、子どもを保護して、保護者から引き放しますが、保護者の行為が刑法や児童福祉法の（上記の）規定に違反していれば処罰されます。

なお、2017年の刑法改正で監護者わいせつ及び監護者性交等の規定が設けられましたので、監護する立場の者が「暴行又は脅迫を用い」なくても罰されることになりました（刑法第179条）。

④淫行処罰規定をおく条例

各地の地方自治体の定めるいわゆる青少年保護育成条例の中に、青少年（既婚者を除く18歳未満の男女）との「淫行」「みだらな性行為」「わいせつな行為」「みだらな性交」また「前項の行為（＝「淫行」など）を教え・見せる行為」などを規制する条文（淫行処罰規定）がおかれています。たとえば、「福岡県青少年健全育成条例」では、「何人も、青少年に対し、いん行又はわいせつな行為をしてはならない」（同条例31条）等と書かれ「2年以下の懲役又は100万円以下の罰金」といったように罰則も定めています。

3 「法的に考える」とはどういうことか

法的＝厳しい、ととられそうですが、そうではありません。

「法的に考える」ということは、二つのことを意味しています。ひとつは、人がどんな行為をしたときに、法律で責任を負わせるのかを定めていること。もうひとつは、事実を確かめるときに証拠によって行う、ということです。

(1) 人がどんな行為をしたときに、法律はその人に責任を負わせるのか

施設内で問題行動と思われることが起こったとき「こんなことをしてしまったのだけど、どうしたらいいか？」と職員の方から尋ねられることがあります。そのときの判断の目安に法律を手掛かりにすることができます。

法律は国会で作られているルールです。私たち国民が選んだ代表（国会議員）が作るものですから、私たちが作ったルールと言えます。条例は、地域の市民が選んだ首長や地方議会が作るものなので、これも私たちが作ったルールです。

問題が起きた時、ネットで「○○○の行為」「○○○の被害」などで検索すれば、だいたい該当する法律や条例などがみつかります。そこに「禁じる」とか「罰する」とか書かれていれば、これは対処すべき場合だ、という目安になります。性的問題についていえば、先にあげた法律に上がっている場合は問題にすべきだということになります。

なお、「法律的な問題」には、一般的には刑事事件と民事事件の2種類があります。刑事事件とは、警察が関わり、刑事裁判によって刑罰（死刑、懲役、禁錮、罰金、拘留、科料）を科せられるような問題のことです。民事事件とは、民法による法律問題であり、被害者が加害者に対して損害賠償を求める事件のことです[2]。この刑事と民事の二つが、一般に考えられている「法律的」な問題であり、性加害も刑事事件、民事事件という法律問題にあたる重大な問題なのです。

(2) 法的に事実を確かめるやり方——「証拠」の必要性

法は、禁止された行為を行った人に責任を負わせます。刑罰を科すとか、

損害賠償させるということです。でも、法によって責任を負わせるからには、本当にその人がそれを行ったのかは、正しく判断されなければなりません。冤罪（濡れ衣）では困るわけです。法的な事実の判断は「証拠」によってなされます。

　たとえば、多くの子どもが「加害したのはＡだ」と言ってもそれはなぜ？と立ち止まることが必要です。「Ａだ」という発信源が声の大きいＢの言い分だった、ということもあります。いつも悪さをしているから今回もそうだろう、という先入観や決めつけはもってのほかということにもなります。防犯ビデオの映像や指紋や足跡、正確に目撃した人の証言などが証拠になります。

4　法的視点をもつことの重要性

　法的視点をもって事実を明らかにすることは子どもたちにとって大きな意味があります。

　第一に、加害行為の防止に役立ちます。事実が明らかになれば、加害行為を防止する対処の仕方が検討できます。施設内に構造的に死角となりやすい場所があり、そこで性的加害が行われたことがわかれば、死角を減らす工夫ができます。職員の時間割りや配置に手薄なことが理由ならそれを是正することができます。加害の理由が、加害者の性虐待被害の投影であるなら、その子への理解と虐待で受けてきた被害の傷の解消が必要になります。原因と対策の基本です。

　第二に、被害者を適切に保護できます。事実がわかれば被害児の救済を適切に行うことができます。女児への性加害の態様がわかれば、それに対してどの医療機関に行くべきか（性交など性器への侵襲があれば産婦人科へ行く、など）も明らかになります。加害時間がわかれば、被害児への体内から体液の確保に間に合う時間もわかります。癒すべき精神ショックの大きさにも違いがあるでしょう。

第三に、子どもたちに公平感、正義感が養われます。子どもたちに得心を与え、公平感と正義感を養い、大人への信頼を育てます。子どもたちは自分のやったことについて叱責され、そのことの意味を説明されれば、納得できます。やっていないことを非難されることには反感しか育ちません。

　被害児にしても、受けた被害が正当に理解されなければ納得できません。時として過大に被害を認められ（一発しか叩かれていないのに十発叩いたことにされて加害児が厳しく叱られたなど）一瞬、得をした気分になるかもしれませんが、それは自分が逆の立場になったときにも起こることだとわかれば、結局いい加減な大人の対応だという思いが子どもの心に残ります。子どもは事実を正しく理解してもらえたこと、その事実について公平な評価を職員が示すことで納得することも多いのです。

　児童養護施設等の中で起こる行為が、実際に法的な対処（警察への通報とか、民事の裁判提起などの裁判沙汰）にいたらないとしても、問題が起きたときには、法的視点を入れることが必要なのです。

5　法的視点と福祉の視点──常に法的解決が適切だとはいえない

　社会の中では、一応、大人は成人し責任をもてる人間として行動しているので、相手に加害を加えた時には、法的な対処をすることになります。

　これに対して、児童養護施設や児童自立支援施設といった子どもたちを育てる機関の中で、子ども同士で起こったことについては、ある行動が他人に被害を与えるものであったときは、それがよくないことであることを教える教育の場であり、教育を受ける年齢であることから、ただちに法的な責任の問題（警察沙汰、裁判沙汰）にはしないことが多いでしょう。家庭でのきょうだいげんかでお姉さんが弟を殴っても、警察沙汰にもしないし、損害賠償も請求しないのに似ています。児童養護施設でも、殴り合いや性加害行為は起こっていますが、それに対しては施設が警察に訴えたりする以外の別の対応をしているということです。

施設の中で生活する子どもたちは、多くの場合家庭で暮らせないという経験をしてきています。生育環境の中で性的虐待を含む虐待を受けたり、本来、親子の間で育まれ、その後の人生の人間関係を円満に過ごすために必要な健全なアタッチメント（愛着関係）が形成されてこなかった子どもたちです。社会が与えてこなかった滋養不足のために、その子が引き起こした加害という現象を、ただちに法的視点で厳しく対処するだけでは解決にならないことは、現場の方たちがすでに理解されていることです。

　法的な責任追及をするという大人社会のルールとは違った事件の扱いをすることのほうが、その子の生育に適切な場合もあるのです。それは、違法な行為の把握に法的視点を置くことと矛盾するものではありません。

　それは子どもたちが生活する「特別な社会」の中での適切な対処方法です。法的視点を基本にしたうえで、さらに専門的な福祉の視点が加えられるべきです。その方法は、子どもの特殊性を理解し、現場を知る専門職が、研究し実践し検証し作っていくべきものなのです。

　　［注］
　1　刑法 177 条　強制性交等罪「13 歳以上の者に対し、暴行又は脅迫を用いて性交、肛門性交又は口腔性交（以下「性交等」という。）をした者は、強制性交等の罪とし、5 年以上の有期懲役に処する。13 歳未満の者に対し、性交等をした者も、同様とする。」肛門、口腔への挿入も本罪となりました。これにより被害者も男女を問わないことになりました。民法 709 条の「不法行為」、つまり「故意又は過失によって他人の権利又は法律上保護される利益を侵害した者は、これによって生じた損害を賠償する責任を負う。」の規定の適用についても、刑法 177 条で広がった行為態様は、明らかに不法な行為と扱われるようになりました。
　2　相手方に被害を与えた場合に、加害者は被害者にその損害を賠償しなければなりません。ケガをしていれば治療費や通院費、衣類が汚損していればクリーニング代や購入代金、仕事を休めば休業の損害、精神的な苦痛が大きければ慰謝料などを、不法行為による損害賠償として支払わなければならないのです（民法 709 条）。この場合、被害者（その保護者）と加害者（その保護者）の間で謝罪の話し合い（示談）がまとまればいいのですが、そうでなければ、被害者側が加害者に損害分を支払ってもらうために裁判を起こすこともあります。このように被害者が加害者に対して損害賠償を求める事件を民事事件といいます。

第4章

性に関わる病気や身体的影響

秋元義弘

1 性的問題行動が起こったときに活用できることとは

(1) 男女の性の違いと性的成長

　本章では、性的行動が子どもたちの身体にどう関わっていくかを医学的に解説するとともに、妊娠の成立、中絶する場合の現実的対応の実際、性感染症の概要を示します。

　性的問題が生じるのはほとんどの場合、思春期に入ってからということとなり、日本産婦人科学会の定義では、女子では「性機能の発現開始、すなわち、乳房発育ならびに陰毛発生などの二次性徴が完成し、月経周期がほぼ順調になるまでの期間」とされ、おおむね8〜9歳ころから17〜18歳ころまでです。男子では「性機能の発現開始、すなわち陰茎増大や陰毛発生などの二次性徴の出現に始まり、精通を経て二次性徴が完成するまでの期間」、10〜11歳ころから17〜18歳頃までです。身体的な問題を中心とすれば、女子の方が約2年早く思春期を迎えます。

　それ以前に女子は7歳未満で乳房発育、8歳未満で陰毛の発現、9歳未満で初経の発来を見る場合、男子は9歳以下で陰茎・陰嚢の発育、10歳以下で陰毛が見られるといった場合には、思春期早発症を疑い、医師に相談すべきです。様々な原因によりますが、女子の場合に、女性ホルモンの

早期分泌により、最終的に低身長となる場合があるので治療が必要となることが多いです。

　思春期遅発症は男子で14歳、女子は12歳で二次性徴が見られない場合に疑います。これも基礎疾患として様々な疾患があるので医師に相談していただきたいです。

　思春期世代以前に性的問題があるとすればすべて性虐待ですのでこの章では割愛します。

　思春期以降の性の問題は、一義的には体の問題ですが、実際には妊娠などを含めて心の問題が関連することが多いです。

　性欲は、睡眠欲、食欲とともに人間の三大欲求と呼ばれる基本的欲求ですが、他の欲求と違い、思春期以降に発現します。それは、性欲自体が男性ホルモンに起因するからですし、性ホルモンは思春期以降に急激に増加します。性ホルモンは、コレステロールからつくられて、男性ホルモンに変化し、そして女性ホルモンとなります。よって、女性も男性ホルモンを有していて、そのために女性も性欲をもちますが、男性ホルモンはその分泌量の人生におけるピークが男女間で異なり、男性では17〜18歳、女性では22〜25歳となります。そのことから、思春期世代の男女間の心理的落差が生じ、付き合っている男女がある場合、男子が強引に性的行動に走りたがります。女子はそのような状態ではないのにかかわらず、嫌われたくないから性的行動に仕方なく同意して、というケースが多く起こることとなります。このことを子どもたちが交際を始める以前に知識として知っておくことが大切です。

　性的な悩みとしては、男子では包茎、陰茎の大きさ、自慰についてが、圧倒的に多いです。包茎は日本人男性の60％がその状態であり、勃起した状態で亀頭が露出されるのが仮性包茎で全く問題はないです。勃起しても亀頭が露出されないのが真性包茎ですが、包皮を露出する練習（体操）を2〜3週間続けるだけで改善することが多く、近年、泌尿器科でも包茎手術はあまり行われません。若者たちが広告を良く目にするような美容外

科での手術は、術後のトラブルが多く報告されています。どうしても気に
なるとしても、美容外科ではなく、泌尿器科を受診するように指導すべき
です。

　陰茎の大きさは、日本人での調査では勃起時で 13.56cm との報告があ
ります[1]が、男性ホルモンの増加に伴いサイズも増大するわけですので、
若い年代にそのサイズを気にすること自体あまり意味がないのです。

　生物学的に女性の膣内で射精し、妊娠を可能とする最低限必要なサイズ
は勃起時で 5cm です。また、性交時、陰茎のサイズが大きいほど女性の
性感が高まるということはこれまで性科学分野からの報告では全くありま
せん。アダルトビデオ等による扇情効果にしか過ぎないのです。

　自慰は性欲のコントロールを自力で解消できるため、性欲の強くなる世
代では何ら問題はありません。ただし、近年、「スラスト運動」による刺
激ではなく、「床オナ」と呼ばれる床にこすりつける方法を覚えてしまい、
実際の女性との性交の際に不能となってしまう男性が増えてきていること
が問題となっています。YouTube などにもアップされている正しい自慰
の方法を紹介しておいた方が良いでしょう[2]。

　女子の悩み相談では、月経不順、月経関連症状、月経痛、帯下等が多い
です。初経発来後、月経周期が安定するまでは、長ければ 10 年ほどかか
ることもあります。特に中学生時代では月経不順であること自体が病的意
義を持つことはほとんどないと言っても良いでしょう。しかし、それは
「妊娠の可能性がない」場合であり、月経が始まっていれば、それが 12
歳であったとも性行為があれば妊娠の可能性はあります。さらに月経不順
であれば、いつ排卵しているのか、産婦人科医師であってもわからないこ
ともあります。一度の性行為によって妊娠する可能性は3%ありますので、
一度だけだから、月経不順だから、妊娠しないということはありません。
このことは、性交を開始する前に知識として身につけておかなければなら
ない重要なことです。

　月経痛は女性の90％が感じていると言われていて我慢する必要は全く

なく、市販の鎮痛薬を内服することは全く問題ありません。ひどい場合は病院を受診し、強めの内服薬の処方を受けても良いですし、月経自体をコントロールする低用量ホルモン剤の内服をすることも何ら健康に影響はありません。日常生活での注意点としては、カフェインを控える、下腹部を冷やさないなどがあります。

　月経関連症状では、月経前症候群（premenstrual syndrome：PMS）がありますが、症状としては、イライラ感、体のだるさ、気持ちの落ち込みなどが見られます。対処としては、生活リズムの改善指導などが中心となりますが、重症になると自殺企図などを突然起こす場合もあります。月経コントロール治療が奏効することもありますので、過度に我慢させるのではなく、病院を受診させることをお勧めします。女性の自慰行為もなんら問題はなく、性欲が高まったときに行うことは禁ずる必要はありません。ただし、女性器の構造上、傷つきやすく、菌も入りやすいので、清潔な手で爪を切ってソフトに行うように指導した方が良いでしょう。

2　性的問題行動に伴う問題

　性的行動に伴う問題は、性感染症と妊娠があります。そもそも、現在、日本では「妊娠ということ」自体を学校でほとんど教えてもらっていません。そのため、妊娠の原理がわかっていませんので、対策も立てようがない、ということが現実なのです。

(1) 「妊娠の原理」と「中絶」について

　妊娠は排卵された卵子に精子が受精することで成立しますが、その原則について解説していきます。

　月経と月経との間に、女性の骨盤内にある卵巣（多くの女性では左右一つずつある）から、一つ、あるいは二つ程度の直径 0.1mm の卵子が排出されます（排卵）。排卵された卵子は移動能力を持たず、卵巣の周囲に浮遊し

ます。受精能力を維持するのは 24 時間で、この間に精子がたどり着いてその皮膜を融解し、内部に潜り込むことで受精卵となります。

　一方、男性側からすると、女性の膣内に射精される精子は約 3 億と言われています。そのうちの 300 万が 1 秒で子宮内に吸い込まれ、0.06mm の精子は 7cm ほどの子宮腔内、7cm ほどの卵管内を 30 分で上り詰め、卵子のそばまで到着します。その速度は身長 170cm の人に置き換えると、6km を全力で駆け抜けて 30 分で到達する、という過酷なものです。300 万の精子のうち、卵子のそばまで到達できるのは、わずかに数百です。さらに、卵子の皮膜を精子先端から放出される酵素により融解していきますが、その皮膜は精子にとっては非常に厚く、少しずつしか融解できず、その間にもたくさんの精子が脱落します。最終の層の透明体を突破できた精子だけが卵子の核と融合し受精卵が成立します。その瞬間に他の精子は排除されます。

　受精卵は細胞分裂を繰り返しながら、直径 1mm ほどの卵管の中をイソギンチャクの触手のような卵管の繊毛細胞の揺らぎにより子宮内部に吸い込まれます。受精卵はおよそ 7 日間で子宮内に到達し、子宮内膜に吸着、血管の根を張り始め（着床）、妊娠が成立します。受精卵まで成立しても、そのうちの 50％は着床できず、そのまま子宮外に排出されるとされ、着床できてもすぐに剥がれてしまうのも 10％見られます（初期流産）。妊娠が成立した時点で妊娠 4 週となります。分娩予定日は妊娠 40 週 0 日ですので、残り期間は 36 週間です。妊娠が成立し、分娩まで至ったとして、出生した乳児の 1％には何らかの問題があり、3％程度には成長しないと分からない問題があるとされています。妊娠が成立しない場合は、子宮内膜は剥がれおち血液と一緒に子宮外に排出され、新たな子宮内膜が形成され始めます。この血液が排出されることが月経（生理）です。妊娠が成立した場合には、子宮内膜は肥厚を続けるため、月経は当然こなくなります。以上が「妊娠の原則」です。

　月経周期が安定している成熟女性であれば、妊娠初期に妊娠の可能性に

気づくでしょうが、もともと月経不順である若い子は月経不順により遅れているだけなのか、妊娠しているかは検査をしない限りわかりようがありません。妊娠初期に見られる吐き気（いわゆる「つわり」）は、若年妊娠ではほとんど見られません。中学生でも高校生でも普通に体育の授業に出ていた、などということがほとんどです。

　日本においては妊娠した女性がそれを継続するか、中断するかを選べる選択肢が法律（母体保護法）で保障（同意書は必要だが）されています。中断することを「人工妊娠中絶」というわけですが、実際には、妊娠を中断させるために麻酔下で子宮内の妊娠成分を外に排出させる手術を行いますので、女性の体への影響を考える必要があります。妊娠はそのままにしていれば、日ごとに胎児は大きくなっていくわけですから、中絶するなら早いほうが良いのは当然です。妊娠7〜8週であれば、胎芽（胎児と呼ばないくらいの早い時期の呼び方）のサイズは15mmほどですし、この時期に中絶できるなら女性への体の負担は最小限ですみます。

　具体的に中絶する場合、妊娠の診断を受けた後、中絶の決断をして、手術日程を決めます。さらに相手から同意書にサイン（相手が未成年の場合は、本人の親権者となります）をもらうという作業が必要になります。次の月経が来るはずの日がすでに4週0日なのに、そのわずか1〜2週間以内に妊娠の診断を受けて、上記の手続きを行うことが果たして10代の女性で可能かどうか。ほとんど不可能と言えるでしょう。そもそも、妊娠したかどうかに気づきにくいわけですし、産婦人科を受診すること自体に高いハードルがあります。さらに保険証がなければ初診自体できません。

　妊娠12週0日を過ぎてしまうと、「中期中絶」と言われる時期となり、役所に「死産届」を提出し、胎児を埋葬する必要が出てきます。もちろん、日帰りでは中絶することは不可能で、数日間の入院が必要となります。さらに手術ではなく、特殊な薬剤を用いて分娩という体制での中絶が必要となる場合もあります。費用も数十万円かかりますが、「死産届」を提出することで、分娩手当が支給されますので最終的には自己負担にならないこ

とが多いです。しかし、体への負担は非常に重くなりますし、胎児を埋葬するなど精神的な負担は図り知れません。

　妊娠22週0日を過ぎると、中絶は禁止される時期へと入ります。中絶手術は母体保護法指定医という特殊な資格を持つ産婦人科医しか施行することができず、指定医は毎月、正確にそれを報告する義務を負っています。現在、その法律を犯してまで、中絶を行う医師は日本には存在しません。逆に、それ以降は胎児を助ける義務が生じることになります。それ以前に何とかするしかないのですが、その基本を知っている若い世代（多くは大人も）はほとんどいないと思われます。

　先ほど、中絶を受けることによる女性の体への影響があると述べましたが、資格を持った指定医が行う以上、実際にはほとんどないといっても良いでしょう。感染を起こす、子宮穿孔を起こすといった報告もありますが、実際には稀であり、将来の妊娠のしやすさ（妊孕性）に影響を与えることもほとんどありません。問題は、精神的なダメージです。妊娠を継続すれば赤ちゃんとなることは妊娠した女性はわかるわけですし、どんな理由であろうと、それを中断させることへの罪悪感を持たない女性はまずいません。そのため、中絶後、男性とお付き合いすることができなくなったり、自暴自棄になって、性的逸脱行動に走ってしまったりすることがあります。そして、一度の中絶では問題なくても、繰り返し中絶をすることによって、妊孕性の低下などの問題は増加します。実際に反復中絶を受ける女性は2016年で17.4%みられます[3]。

　したがって、中絶した方が良い場合はきちんと早めに産婦人科を受診する方が望ましいです。その際には繰り返し望まない妊娠のないようなきめの細やかな指導が望まれます。

(2)「性感染症」とは？

　性行為またはそれに準ずる行為によって感染する疾患を「性感染症」と総称しますが、その疾患は多岐にわたります。主なものを挙げるだけでも、

クラミジア、梅毒、淋病、トリコモナス、HIV／AIDS、性器ヘルペス、ヒトパピローマウイルス感染、ウイルス肝炎（A、B、およびC型）、アメーバ赤痢、骨盤腹膜炎、精巣上体炎などがあります。主な疾患について概説します。

①梅毒

　梅毒は、梅毒トレポネーマにより感染する、人類の歴史とともに存在しているとさえいわれている古典的性感染症ですが、現在の日本でここ数年急激にその患者数が増加しています。直接の性行為だけでなく、キス、口腔性交などを介し、唇にも感染するため、コンドームを使用していても感染します。数年前までは、日本においては男性と性行為を持つ男性（men who have sex with men : MSM）を中心とした感染拡大と考えられてきましたが、最近は20代女性に爆発的に増加が報告されてきています。その報告例は大都市だけではなく、地方でも増加しています。梅毒は「特別な集団の中だけの病気」ではなく、「誰しもが普通の生活、お付き合いをしていて感染しうる病気」であり、誰がいつ感染してもおかしくないのです。

　症状は、無痛性の様々な表現型の皮疹、潰瘍から始まり、全身多臓器が侵されていく慢性全身感染症です。第1期から第4期までのステージがあるとされていますが、最近ではステージが混在している症例も報告されています。皮膚所見は治療していなくても消失して別な部位に出現するなど多様で、自己判断で治ったと思い通院せず、進行していく例も多いのです。診断は採血検査による血清学的診断が必須のため、数週間前にそのような行為があり、手掌や局所に変な感じの皮疹が見られた場合、必ず病院を受診した方が良いでしょう。治療はペニシリンが特効薬で数週間の内服で治りますが、免疫がないため、何度でも罹患することに注意が必要です。

②クラミジア

　クラミジアはウイルスと細菌の中間くらいの小さなサイズで、粘膜細胞

内に感染するという特徴のため、男女ともに初期には全くといって良いほど症状がなく、どんどん感染を繰り返し、広がっていきます。若い世代では非常に感染者の多い性感染症です。さらにその感染力は非常に強く、一度の性交渉によりほぼ100％感染すると言われています（ちなみにHIVウイルスの感染力は1％ほど）。

　私の病院を受診する全く自覚症状のない性交経験のある10代の患者の10〜15％が陽性です。女性の場合、性交により子宮頚部に感染したクラミジアはどんどん深部に侵入し、卵管内に膿瘍を形成し、それが破綻し骨盤腹膜炎となります。この時点にまで至ってしまうと卵管内の微細な繊毛細胞が機能しなくなり、将来の不妊、子宮外妊娠の原因となります。男性の場合は、尿道口から深部に進み、精巣上体炎を起こし激痛を伴うようになり、精子増生能が極端に低下し、男性不妊の原因となってしまいます。抗生物質の内服により完治しますが、上述したように感染力が非常に強いため、パートナー同士が同時に治療を行わなければ、いわゆるピンポン感染となってしまうため、必ず、男女同時に治療することが必要です。また、クラミジア、淋菌に感染している場合、HIVの感染率が4〜5倍高くなるという報告もあります。

③淋病

　淋菌により感染しますが、男女ともに非常に痛くて膿性の帯下、尿道分泌物が出てくるので、比較的診断はつけやすい病気です。問題は、性行為以外にキスだけでも移るということと、耐性菌が多くなってきていて、内服による治療はほぼ無効です。抗生物質の点滴による治療が必要です。したがって、数日間の通院が必須となり、それがハードルとなって、治療不十分となってしまう場合もあります。

④性器ヘルペス

　ヘルペスウイルスにより、性器やその付近の皮膚、粘膜に潰瘍や水疱を

形成する性感染症です。口腔性交により口腔内にも病変が見られる場合もあります。症状は激しく、疼痛、発熱、リンパ節腫大が見られる場合が多いです。痛くて排尿困難になる場合もあり、その際には入院、点滴治療が必要となることもあります。軟膏、内服薬がありますが、再発を繰り返すこともかなりありますし、注意が必要です。口唇ヘルペスは同じヘルペスウイルスによりますが、別な疾患で、痛みが軽度で、疲れたときなどに唇の端に潰瘍が形成されます。さらに、治りにくい場合、梅毒の1期である場合も考えて、安易に判断すべきではありません。

⑤ HIV／AIDS

　AIDSウイルス（HIV）が性行為により感染し、約10年の無症状期間を経て、後天性免疫不全症候群（AIDS）を発症します。無症状期間（HIVキャリア）の間に採血により診断し、内服薬を続けることで、AIDSの発症はほぼ抑制されるにいたりました。以前は「死の病」とされてきたHIV感染は、慢性感染症として捉えられるようになってきました。女性の場合でも、妊娠期間中に適切な治療を行い、分娩方法を工夫することで、子どもへの感染を抑えられるため、きちんとした診断を受け、治療を受ければ問題はほとんどありません。

　しかし、特徴的な所見がないため、初診時すでにAIDSとなっている、いわゆる「いきなりAIDS」と言われる患者が30%見られます。治療薬が非常に高額であり、普通の保険診療であったとしても大変な負担になりますが、役所に診断書を提出することで、1級障害者手帳を配布され、それにより治療費は無料となります。しかし、診断書を役所に提出しなくてはならないことへの躊躇いは、若い患者ほど強く、治療、フォローへの高いハードルとなっています。

⑥ヒトパピローマウイルス（HPV）感染

　人間の生活圏のあらゆるところにHPVウイルスは存在し、その種類

は 200 を超えます。性行為によって HPV 自体はほぼ 100%感染しますが、そのうち 10 数種類が、癌を引き起こすハイリスクタイプです。またローリスク群と呼ばれるタイプが尖圭コンジローマを発症します。ハイリスクタイプは、女性では子宮頚癌、外陰癌の原因となり、男性では、陰茎癌、肛門癌の原因となります。ローリスクタイプでも、出産時新生児に母子感染を起こすと、若年性再発性呼吸器乳頭腫症を児が 2〜3 歳になったときに発症し、非常に難治性で、時に窒息を引き起こすようなことになることもあります。

　子宮頚癌は日本において年間約 1 万人が発症し、約 2700 人が亡くなっています。これは交通事故による死者（約 1800 人）を大幅に上回る数字です。予防のためのワクチンは既に開発され、世界中で投与が続けられ、子宮頚部の前癌病変が圧倒的に減少しています。しかし、日本においてはワクチン接種の勧奨が中止され、すでに 5 年が経過します。日本は世界中から取り残されていると言ってよいかも知れません。副作用被害などの正確な調査結果（他のワクチンと何ら変わらない）を踏まえ、ようやく、最近、自治体独自でワクチン接種を推奨するところも出てき始めています。一刻も早い、全国の中学、高校女子全員への接種の再開が望まれます（注：2021 年 11 月 HPV ワクチンの積極的勧奨が再開されました）。

3　まとめ

　性に関する問題、性感染症に関する問題は、誰しもが表に出しにくいことでしょう。しかし、いつまでも男性に任せきりの避妊、性感染症予防で良いわけがありません。性に関する正確な知識は力になりますし、女性にとっては鎧にもなるのです。インターネット上に山のように溢れる情報の中で、どの情報が正しいのか、それをきちんと見極めることのできるリテラシー（適切な理解力）が必要です。相手との関係性について自分の気持ちをきちんと相手に伝え、話し合いができる能力が求められます。それは、

学校の中だけではなかなか育むことのできにくい部分です。

　WHO が数十年前に発表している健康な状態の定義では、人が健康で過ごしていくためには、「頭が健康」、「心が健康」、「体が健康」、そして「人との関係性が健康」であることが必要とされています。子ども達が学校教育で学ぶのは「頭」、「心」、「身体」を健康に成長するためですが、「関係性の健康」は、なかなか難しいことです。その部分が、まさに「性の問題」とリンクすると思います。それには、どうしても、学校外での生活、授業以外の時間、が重要となります。「たとえ、躓いたとしても、失敗したとしても、それを糧として素敵な人生を歩いて行く、ということが大切だ」ということを、どこかで、誰かから学ぶ必要があります。

　一度中絶したから、性感染症にかかったから、ダメでもなく、終わりでもない。そして、そのことを、子どもだけではなく、それを支える周囲も理解していかなければはなりません。やがてカップルとなったとき、その二人が対等なパートナーとして、大切なことをきちんと二人で話し合うということが最も望ましいことです。きちんと相談できる場所、大人が必要なのです。思春期を迎えたら、女子はかかりつけの産婦人科を持つくらいが本来望ましい姿です。実際に、先進国ではユースクリニックとして整備されている国もあります。日本でその体制をつくることがいつできるかわかりませんが、まず、性の問題は「大切なことだ」というスタンスを関係者（大人）が理解しておくことが重要です。

　［注］
　1　"日本人の平均ペニスサイズが明らかに！" TENGA FITTING（テンガフィッティング）http://www.tenga.co.jp/special/fitting2012/　2020 年 1 月 15 日閲覧。
　2　https://www.youtube.com/watch?v=mHHRgFfGnzA
　3　「第 8 回男女の生活と意識に関する調査」2017　日本家族計画協会

第Ⅱ部
性的問題の実際と実践的取り組み

第5章
一宮学園における性的問題対応の経過

山口修平・関 尚美

1　これまでの取り組み

　児童養護施設一宮学園は、1926年、千葉県の九十九里浜の最南端に位置する一宮町に、社会福祉法人児童愛護会が設立した児童福祉施設です。2018年までは定員152名と全国の児童養護施設の中でも、最大級の規模でした。ここ数年、小規模グループケアへの移行に伴い、定員を削減しています。新たな社会のニーズに対応すべく、重篤な養育の課題を抱えた家庭に対する高度化なケアの提供と合わせ、地域の子育て支援（予防的支援）への取り組みなど、施設機能の多機能化についても取り組みを始めています。

　一宮学園では、2000（平成12）年から性教育に取り組んでいます。内容は、その時々に起きている問題行動に焦点を当て、「男女交際」「たばこの害」というようなテーマで設定していました。男女別縦割りで、1グループ19名×8グループで生活していました（現在は、8名×3グループ、19名×5グループと小規模化へと移行しつつあります）。各グループは毎月1回実践をし、記録を施設長に提出することになっていました。テーマに合わせて5名前後の児童を選出し、性教育関連の研修や書籍を参考にし、絵本やインターネットを用いて、40分程の時間を過ごしました。今、振り返ってみると性教育という名を借りて、職員から一方的に注意を喚起する、お

説教の時間となっていました。このような実践を7年間行いました。当時の実践記録が約450回分ファイリングされています。これも取り組みの記録として、一宮学園の一つの財産になっています。2007年以降の取り組みを以下に見ていきましょう。

2　入所児童間性的事件

(1) 事件発覚

　2000（平成12）年度から性教育実践を継続する中、2007（平成19）年に男子児童間の性暴力が発覚しました。加害者1名、被害を受けながら年少児に加害行為をした児童3名、被害児童36名、合わせて40名が関わる男子児童間での、「性器をなめる・なめさせる」という事件でした。発覚のきっかけは、産休代替で入職間もない職員が幼児の添い寝をしていた時のことです。お腹が冷えないようタオルケットをかけ直そうとしたところ、性器のところに手が触れました。すると幼児は、「あっ、俺のちんこ触った。勃起するじゃん」と言いました。幼児が勃起するという言葉を使うことに違和感を覚えた職員が、「その言葉、どこで知ったの？」と投げかけると、年長児から「触られる・なめられる」という話が出てきました。そのことがきっかけとなり調査を実施し、最終的には40名が関わる児童間性暴力が表面化しました。

(2) 事件の調査

　当時、事実確認のための聴き取り調査のマニュアルが整備されていなかったことから、長時間にわたる誘導的な質問、複数回にわたる実施など不適切な聴き取り調査を行いました。そのため、調査は混乱をきたし、児童間の関係性に何が起きているのか、加害・被害状況がどのようになっているのか、事実そのものが見えづらくなっていきました。

　職員は、起きた事件に「なぜ気づけなかったのか」「児童が相談できる

関係が築けていなかったのか」「今までの実践で何を伝えてきたのか」と驚きと無力さを感じ、児童への申し訳なさでいっぱいでした。児童相談所等からの解決に向けた提案の実行に対し、内部から解決に向けた肯定的な意見はなく、連携関係が成立せず、外部が当園に伴奏する形、すなわち協働により危機的状況に介入することになりました。

(3) 事件への対応から再発防止に向けて

事件発覚にともなう調査については、「事故対策委員会」を設置して学識経験者・児童相談所（ケースワーカー［CW］・心理）・CAP スペシャリスト[1]・園職員がメンバーとなって行い、加害者・被害者へのケア、保護者への謝罪、児童への説明・謝罪を実施しました。

事故対策委員会は、後に再発防止に向けた「ケア検討委員会」と名称を変更しました。これまでの調査・対応から事件発生の要因分析や当園の強みに注目し、多角的な視点による施設運営の再建と、取り組みの方向性へと移行しました。

その一つとして「性教育」の実施が検討され、体系的なプログラム作りが示されました。プログラム作成にあたり、事件の発生要因について検証し、改善を要する取り組みを具体化させ、そのうえで効果的な性教育の内容について検討しました。それを実行するにあたり、「一宮学園　生教育委員会　さわやか」を立ち上げました。

3　委員会の始動

(1) 委員会組織作り

2000（平成12）年度から性教育実践を開始していたこともあり、性教育関連の絵本・テキスト・専門書については、児童の生活スペースにある本棚に並んでいました。また、委員会の立ち上げにあたっては、全職員が一同に研修を受けたこともあり、活動に対して「寝た子を起こすな」といっ

た反対意見もなく職員間の摩擦はありませんでした。そのため、2007（平成19）年からの委員会活動や取り組みはスムーズに始動できました。

　委員会メンバーは、日々子どもとの関わりを活かし、教材作り・実践活動・マニュアル作りができるよう、勤続3〜5年の女性職員を中心として選出し（男性職員も含む）、やりがいのある委員会活動を目指しました。

　まず、活動時間の勤務保障（会議時間の週90分＋実践時間）、活動費の予算化をしてもらい、生教育ルームの設置、参考教材の購入など委員会活動が活性化するための環境を整えました。

　よい教材（文献・絵本・紙芝居・パネル等）が揃っていても、実践するための委員会環境がなければ継続的な実施はできません。また、実践するための委員会環境が整っていても、よい教材を作る知識・技術がなければ児童の積極的な参加には結びつきません。活発な委員会活動と実践への専門性が相互に作用して初めて継続的な活動と児童に伝わる実践が可能になると考えます。

　委員会の名称である「一宮学園　生教育委員会」は、「性」ではなく「生」の字を用いています。それは、単に「性」を扱うことばかりに終始せず、性教育の視点を通して生活・生い立ち・他者と共に生きることの大切さを子どもたちに理解してほしい、との願いを込めたからです。

　委員は年度毎に3分の1のメンバー変更を行っています。職員全員が一度はその役割を担うことで、職員間の理解と多角的な視点による活動ができることを目指しています。

(2) 生教育教材と実践プログラム

①児童の背景へのアプローチ

　施設内で性暴力が起きたことをきっかけに活動を始めた委員会は、教材・プログラム作成にあたり、「性暴力がなぜ起きたのか？」「何を児童に伝えていくのか？」「職員として問題をどう捉えるのか？」ということを議論することから始めました。

それまでの実践や生活の中で児童に対して「他者を大切にすること」への言葉かけを行ってきました。そして、児童間でトラブルがあった場合、他者を傷つけた児童は注意を受けます。もちろん必要な対応ですが、加害行為の背景にある過去の成育からくる要因への介入はありません。他者に対して、加害行為をさせないこと・繰り返さないことのみに注目し、注意・指摘を行ってきました。

　施設に入所している児童は、養育上の問題を抱え社会の充分な支援が受けられずに要保護児童となり、家族から分離され生活しています。このことは、全児童に共通している被害（分離）体験です。また、性加害を起こした児童の中には過去に性被害体験があった児童も数名含まれていました。要保護対象になったこと、被虐体・性暴力等、不適切な養育を受けてきたにもかかわらず、「被害者として」のケアは十分になされず、加害に転じた時に「加害者」としての対応のみになってしまっていることが課題としてあげられました。そのため、過去の養育の中で、「自分は大切な存在である」というメッセージが伝えられていない、または実感できていないのに、「自分の大切」が他者にもあること、それを侵してはならないことをどのように理解してもらい、他者との関係を築いていくのかについて、実践面での検討を始めました。

②実践プログラム

　実践プログラム作成にあたり、①個々が大切な存在である、②個々にはプライベート（境界線）がある、③自分はたいせつな存在であり、その大切は他者にもある、の３点を伝えることを主軸としました。他者の気持ち・関係性、つまり、二人称・三人称を伝える前に、まず「自分の大切な体・時間・場所・もの」、この一人称、つまり、自分をテーマに実践内容を構成しました。

　生教育は権利教育・人権教育であると考えます。これまで十分に権利が保障されてこなかった、あるいは様々な人権侵害を受けてきた児童に対し、

自身の権利の獲得及び再獲得することへの理解から始めました。

　まずは、小学校1〜4年生対象の「プライベートシリーズ　全13回」を作成しました。ベースがないところから作り上げることは大変な作業であったため、研修会等でお薦めの絵本として紹介されるもの・教材を参考にしました。出版されている絵本は一般向けのものであったため、当園では過去の養育の状況、既に被・加害状況にあること、児童の理解度等の視点に立ち、児童に「伝わる教材」をキーワードに独自の教材を作成しました。

　作成については、「児童がわかりやすいセリフ、シンプルな表現、伝えたいポイントは繰り返し」を基に意見を出し合い、台本を決定し、台本に沿った絵を作成します（園の風景や雰囲気を盛り込みます）。完成した教材を委員会内で模擬実践したり、職員会議で発表し、検証しました。その後、児童への実践で使用して、児童の反応・理解度をみて内容を検討し、必要な部分の再構成を行いました。

　当初の実践では、職員から児童に「伝える（教える、指導する、知らせる）実践」＝〜させる実践であり、実践時間の多くは職員からの語りを児童が聞いているという講義形式のものでした。現在は、職員が話題（場面）提供を行い、それについて児童と対話する・児童の意見を吸い上げるといったスタイルへと変化しました。

　教材の内容については、〈「〜してはいけません」というセリフで構成され、注意を喚起するもの〉から、〈児童へ投げかけて発言を求める教材「この場面であなたはどう感じますか？」「あなただったらどうしますか？」〉へと変化し、児童と職員が語り合う場面が多く見られる実践になっていきました。同時に過去の実践・教材がいかに児童に届いていなかったかを振り返る機会ともなりました。実践の中で発する児童の発言は、職員が児童を知る・理解する機会となり、それを基に新たな実践に取り組み、その繰り返しの中で「伝える実践」は「伝わる実践（相互関係）」へと進化していきました。

　実践はグループ実践を基本とし、1グループ4〜6名の児童と職員2〜

3名で行っています。月1回の実践を行い、翌月は先月の復習とその内容に合わせたロールプレイ等を行い、教材と生活場面をつなげる工夫をします。実践での児童の様子は、実践記録を通して職員が情報共有し、実践時間のみの対応に留めることなく生活の中でフォローし、個別のケアや生教育につなげるようにしています。

　児童へ参加を呼びかける際には、手紙を作成しています。単にコピーして配るのではなく、児童個々の名前を書き、「待ってるね！」という言葉を必ず使っています。施設で生活している児童の多くは待たされた経験はあっても待っていてもらった経験が少ないため、大切なメッセージとして使っています。

＊生教育プログラム実践のポイント＊
・実践内容を事前に職員会議等で共有する
・8名の生教育委員会のメンバーが実践を行う
　（できるかぎり外部講師ではなく、生活を共にする職員が行う）
・委員会の構成メンバーは、毎年3分の1入れ替える
　（園全体への波及。生活グループでもフォローしてもらえる）
・生教育委員会は毎週90分開催
・生教育委員会で実践や教材作り
・教材は文献やインターネットを参考に手作りする
　（コピーしたものを貼るのではなく、必ず手書きで）
・シンプルな8畳の生教育ルームで行う
・実践は短時間（10〜20分）
・伝える時はシンプルに。キーワードを繰り返し伝える
　（実践者の語りの場ではない。端的に伝える）
・同じ内容を毎年繰り返す（記憶の定着を図る）
・「伝える」実践ではなく、「伝わる」実践（シンプルな内容を繰り返し伝える）
・テーマは毎年変更せず、児童の反応を見ながら加筆修正する

以下、プログラム内容です。

【一宮学園　生教育実践プログラム】

「プライベートシリーズ」（小学生　低学年）
対象：小学校 1 〜 4 年生（各学年 3 グループ：各グループ 5 名）

	テーマ	内容	時間
1	みんなおなじ でも みんなちがう（絵本）	絵本を読む 『みんなおなじでもみんなちがう』（奥井一満、得能通弘（写真）福音館書店、2007 年）を使用	15分
2	みんなおなじ でも みんなちがう（パネル）	イラストを使い、一人ひとりの個性や大切な存在であることを学ぶ	15分
3	プライベートゾーン①（紙芝居）	手作り紙芝居を読む プライベートゾーンの説明	15分
4	プライベートゾーン②（パネル）	手作りのイラストを使って、プライベートゾーンの確認	15分
5	プライベートゾーン③	復習 プライベートゾーン②の教材を使い、繰り返し伝える	20分
6	いいタッチ・わるいタッチ（紙芝居）	手作り紙芝居を読む 『いいタッチわるいタッチ』（安藤由紀、復刊ドットコム、2016 年）を参考に作成	15分
7	いいタッチ・わるいタッチ（ワーク）	模造紙に大きな掌の絵を描く 付箋に日常の生活の中で見られるタッチを書き、いいタッチの付箋を掌の中に、わるいタッチの付箋を掌の外に貼るワーク	20分
8	時間のプライベート（紙芝居）	自由な時間をどのように守るか？ 自由に過ごしている時に誘われたら、どのように相手に断るか	15分
9	時間のプライベート（トークタイム）	自由な時間をどのように守るか？ 自由に過ごしている時に誘われたら、どのように相手に断るか？ （生活の中の起こる場面を共有し意見交換）	20分
10	場所のプライベート（紙芝居）	プライベートな部屋への他児からの侵入をどのように守るか？ 他児が入ってきた時にどのように相手に断るか	15分
11	場所のプライベート（トークタイム）	プライベートな部屋への他児からの侵入をどのように守るか？ 他児が入ってきた時にどのように相手に断るか （生活の中で起こる場面を共有し意見交換）	20分
12	物のプライベート（紙芝居）	自分の大切なものをどのように守る（管理）するのか？	15分
13	物のプライベート（トークタイム）	自分の大切なものをどのように守る（管理）するのか？ （生活の中で起こる場面を共有し意見交換）	20分

「小学校高学年プログラム」
対象：5年生（1グループ　12名）

	テーマ	内容	時間
1	名前について 〜自分って？〜 （ワーク）	名前について由来や漢字の意味などを調べる 可能なケースは保護者に問い合わせる	20分
2	NO　GO　TELL （パネル）	人からの侵入に対して 　　NO＝イヤと言う 　　GO＝逃げる 　　TELL＝相談する について学ぶ	20分
3	T・P・Gプライベート （ワーク）	自分の大切な時間（Time）・場所（Place）・物（Goods）の プライベートについて	20分
4	思春期のこころとからだ （紙芝居・ワーク）	二次性徴期について、こころとからだの変化をワークシート を使って学ぶ	20分

対象：6年生（1グループ　12名）

	テーマ	内容	時間
1	ここでの生活 〜施設での生活〜 （パネル）	なぜ施設入所を余儀なくされたかについてパネルを使い生 い立ちの整理をする （＊実践後に各担当のフォローが必須）	20分
2	生命の誕生 （DVD）	DVD鑑賞 生命の誕生について科学的に学ぶ （＊親の感情は扱わない）	20分
3	相手との距離 （ワーク）	他者との境界線を学ぶ サークルズプログラムを参考にワークを取り入れる	20分
4	怒りのコントロール （ワーク）	感情調整について学ぶ ワークシートを使用	20分

「中高生プログラム」

「中高生プログラム」
対象：個別または集団。個々の発達状況に合わせて実施
　　　（実践者は施設職員や外部講師）

	テーマ	内容	時間
不定期	出会い 性交 性感染症 妊娠 避妊 デートDV 性情報	本 インターネット ワークシートを使用し実践	10分～90分

(3) 生教育実践の目的

　前項で述べたプログラム・教材を作成し、グループによる実践を行っている中で、個々の言動から課題が見えてきました。理解している児童・理解できていない児童、内容に向き合えず逃避する、過去の性被害体験を表現する児童、実践に来なくなる児童等、反応は様々です。グループでの実践により、園の全児童が同じ内容を知っていることで相互作用や他人の考えや行動スキルを知ること等のメリットがあります。しかしその一方で、実践から見えた反応を"個"としてフォローできなければ、「一人ひとり大切な存在である」という実践内容は生活の中での「大切にされている実感」へと結びつきません。生教育ルームにいる時間だけが"個"として扱われ、生活スペースでは集団養護の中で"個"が大切に扱われずに埋没している、という側面があることは否めません。

　この状況を打破するために、生教育の視点を日常の基盤整備に生かすことが必要であると考えました。例えば、当園の生活グループを見渡すと、「一人きりになれる空間」は全くありません。各居室は2～5名で使用しています。就寝時間になると真っ白いカバーの掛かった布団で畳が見えなくなります。自分の布団（寝る場所）さえも視覚的に境界が曖昧でした。

洗面所に行くと、コップに歯ブラシが何本も立っていて、共用の歯磨き粉が置いてありました。風呂場には共用のシャンプーとリンスがありました。このように「自分の物」「自分の場所」の個別化が提供されず自他の境界が曖昧でした。そのため、

　　・自分の箸、茶碗、コップ
　　・一人ずつコップに歯ブラシ、歯磨き粉をセット
　　・色とりどりのキャラクターのシーツ
　　・自分のシャンプー、リンスを籠にセット

と、わかりやすく個別化を体感できるようにしました。

　実践内容について理解できていない児童に対し、伝え方の工夫や課題に合った実践を行う必要もあります。「一人ひとり大切な存在」が実感できる仕組みを確立する過程を通して、生教育実践が一つの援助スキルとして、職員が児童と共に成長できる活動にならなければならないと考えます。

　また、具体的な生活場面の基盤作りの一環として、新入園の受け入れ対応から振り返ることにしました。児童相談所の措置により、児童は施設という、親や親族・同級生・知り合いの全くいない場所での生活が始まります。その際、少しでもこちらからの「待っていた感」や、児童が「受け入れられ感」を感じてもらうため、新たな場所への不安軽減のため、「新入園受け入れ視点リスト」を作成しました。入園予定児童に事前に会いに行き、当園の説明を内容にした紙芝居「一宮学園ってどんなところ？」を使って紹介します。また、その児童の好きなキャラクター・食べ物の嗜好、服のサイズ、持ち物（ランドセル・学用品・制服等）の情報を収集し、事前に用意できるものを揃えるためリストにしました。マニュアルにとらわれず、必要項目が増えるように追記できる形にし、職員から出された視点の広がりが、より"個"を大切にする意識へとつながる取り組みになっています。

（4）もう一つの生教育実践を通して

　性的事件に対して「なぜ、気づけなかったか」「なぜ、児童が職員に相談できる関係が構築できていなかったか」。そこには、児童間の力の関係（支配・被支配）があり被害を訴えにくいという背景があります。また、身体的な外傷は見えにくく、性の問題は恥ずかしい問題と捉えやすいため、「性」は秘密化されやすい側面もあり、そのため問題は表出されずに、多くの場合は潜在化が進みます。このことを前提に、常に児童からの訴えが聞ける環境作りも急がれました。そのための実践教材が「NO → GO → TELL」です。性暴力にあったら「イヤ（NO）と言うこと」→「逃げる（GO）こと」→「相談（TELL）すること」。

　この「NO → GO → TELL」への理解と速やかな実行は実践を通して児童に定着が図られるべきですが、そこには何よりも「自己は大切な存在である」から「他者も大切な存在である」へのつながりが必要であることは言うまでもありません。その意味で、生教育は「共に大切な存在である」という養育の根幹をなす考えと深く結びついたものでなくてはならないと考えています。

4　今後の課題

　一宮学園での生教育委員会の立ち上げと実践は性的事件が起きて必要に迫られて始動しました。「自己の大切さ」は、本来は家庭という安定した生活基盤の中で伝えられるもの・伝わるものですが、家庭に代わって養育している施設であっても生活の中で「自己の大切さ」の実感に向けて取り組むことが必要です。

　「自己の大切さ」を実感することへのアプローチは2つあげられます。まず1つは「環境整備」です。環境を整えることは、そこで生活している児童を大切に扱うことになり、心地よい環境の提供は、快・不快の感覚を取り戻すことになります。暴力から感覚を麻痺させて生き延びてきた児童の

感覚は、学習会形式の性教育ではなく、生活の中で感じる「実感」の積み重ねにより回復します。人との距離「感」、自分に対する実「感」を基礎とした自己肯定「感」、などの「感」は教育で得るものではなく、感覚への働きかけ、すなわち日々の生活の中で実感し体感するものだと考えます。

　生教育実践を行っていく中で、大人の求める理想的な行動を伝えるために「～しなさい・～してはいけません」という職員のメッセージがどれほど伝わっているのか、という疑問を常にもっていました。しばらくした頃、そんな疑問にストレートに応えたのは児童たちでした。「そんなの無理だよ」「それができないから困っているんだよ」との言葉に返答することができませんでした。

　過去から現在の養育の中で育まれる「自分は大切な存在である」との実感は、その先の「自分の大切は他人にもある」ということにつながります。本来は、安定した生活の基盤（日常ケア・環境整備等）の中で大切を実感するものです。しかし、必要に迫られ始動した実践では、生活という裏付けのない、いわば実感を伴わない中で、「あなたは大切な存在」という言葉のみが語られていました。このような生教育実践を重ねる中で、性教育の視点を通し必要に応じて日常ケアの工夫・整備に立ち戻って着手するという反復がなければ、実践と実生活に大きな隔たりが生まれてしまいます。

　近年、性的虐待等で既に被・加害を経験した児童へのケアも必要になっています。児童と生活をともにする職員として、「性と生」への学びの提供を拡充すべく、研修等にも積極的に参加しながら日々の取り組みを検証し、学習していかなければならないことは多いと考えています。

　［注］
1　CAP は Child Assault Prevention（子どもへの暴力防止）。CAP スペシャリストは、養成講座（基礎編と実践編で 40 時間以上）を受け、認定書（CAP プログラム実施のための資格）を得ている人で、実践のために、地域の CAP グループに所属し、さらなる研修や練習を積み重ねています。

第6章

児童養護施設における生（性）教育プログラム

小林千夏

1　はじめに

　私は2006（平成18）年から2017（平成29）年まで児童養護施設で勤務を
してきました。退職した施設ではありますが、当施設のご了解を得てご紹
介する運びとなりました。快くご了解くださいました施設長様、職員の皆
様には感謝申し上げます。

　退職するまでの10年半、私が「なんとかしなければならない」と自分を
鼓舞して必死に取り組んできたことが施設における性的問題でした。児童
福祉施設における性教育は、2012（平成24）年に出された児童養護施設運営
指針において「性に関する教育」が明記されていますが、具体的方策につい
ては一定の取り決めはありません。私が入社した2006年当時、施設内で性
的問題が起きても職員は困惑し、対応すらままならない状況でした。現在は、
全国的に問題意識があり、児童相談所や施設の様々な取り組みにより、以前
に比べ性的問題に対応しなければという認識が高まったように思います。

　しかし、児童福祉施設職員の勤続年数が低い中で、依然として施設内に
おける性的問題対応には課題があるとも感じています。近年は、子どもた
ちの生い立ちや抱えている課題も複雑化しており、職員の専門性がより高
く求められています。今回ご紹介するA施設での取り組みの経過が、少

しでも職員（養育者）と子どもたちのためになればと思っています。

2 性（生）教育プログラム実施の取り組み

2015・2016 年度に、当施設性教育委員会によりいくつかの［性（生）教育ワーク］の実践を行いました。それらの実践を足がかりに、2017 年度に「生教育プログラム～施設における性（生）教育ワークの手引き～」を作成しました。「性教育」を「生教育」と称した理由は、子どもたちが心と身体、人間関係に関する学びを得るだけでなく、それらを生活で実践してみるという日常生活を含めた教育であるという位置づけとしているためです。

3 性教育プログラム（概要）の紹介

（1）内容

当施設における性（生）教育プログラムは、3 つの柱によって構成されています。①健康な身体ワーク②境界線ワーク（大切な私と他者とのつながり）③性教育ワーク（性や生殖に関すること）です。各柱は、子どもの年齢に応じて伝える内容が異なります。また、その時の施設の状況や人員構成、子どもの発達に応じて調整をします。（表6-1）

健康な身体ワークでは、身体の名前や身体の洗い方などがイラストで示された資料を使用し、確認をしていきます。小学校高学年であれば、身体の中身がどうなっているのか、健康維持のためにどのようなことができるのかということを話し合います。

境界線ワークでは、幼児・小学生を対象に他者との人間関係や身体的な距離感を視覚的に学ぶことのできる教材（当施設独自の教材）を使い、自らの人間関係の中心は自分であるとこと、相手との関係性の距離を決めるのは自分なのだという感覚を学びます。加えて、幼児はプライベートゾーンについて、小学生はプライベートとパブリックの違いについて話し合いを行います。

性教育ワークでは、幼児・小学校低学年は年齢にあった絵本を通して、赤ちゃんの誕生や身体の成長について学びます。小学校高学年から高校生では、二次性徴や性暴力等のその時々の子どもたちの生活に合ったテーマを職員が話題提供し、思春期の心と身体について話し合いを行います。

(2) 実施スケジュール

当施設の通学校では7月から水泳の授業が始まることから、それまでにプライベートゾーンのワークを実施することが望ましいと考え、4～5月に「健康な身体ワーク」6月に「境界線ワーク（大切な私と他者とのつながり）」を実施します。9月頃外部講師による性教育を実施します。これは10月以降にはじまる「性教育ワーク」に向けて、子どもと職員が性教育への関心を持つための動機づけとして位置づけられます。また、外部講師とのつながりは、性教育ワークを実施する職員が相談できる場所があるという安心感となります。

(3) グループ構成

ワークでは、年齢、性格、子ども同士の関係性が重要です。①意見が出やすい（尊重し合える）関係性、②発言ができなくても、その場にいられる雰囲気を作れる関係性③発言できる子どもの存在（意見を出し合うきっかけとなる）というグループ構成を心がけます。人数は子ども3～5名、職員2～3名の計5～8名で行います。低年齢や発達がゆっくりな子どもの場合は、より少ない人数で行うか、ワーク後に個別にフォローアップを行います。同席する職員には、①ワークの間は騒がしくても指導的な声掛けはしない②子どもの意見を尊重する③職員自身が自分の素直な気持ちを話す④ファシリテーター役の職員をサポートする、という協力をしてもらいます。

4　暮らしの中で〈性〉、〈生〉を伝えること

当施設の性（生）教育プログラムのワークでは、子どもたちが主体的に

表6-1　A施設における性（生）教育ワーク

3つの柱	対象	内容	教材	参考HP・絵本等
A健康な身体ワーク	幼児・小学校低学年	身体の名前、清潔、健康な身体について知る		「さあ、みんなで手をあらおう」SARAYA https://www.saraya.com/7premium/images/kodomo.pdf 「さあおふろにはいろう！自分で体あらえるかな？」東京ガス https://www.tokyo-gas.co.jp/Press/20100303-01.html
	小学校高学年	身体の名前、清潔、健康な身体について知る	①．②	同上
B境界線ワーク（大切な私と他者とのつながり）	幼児・小学生	視覚や身体を使い、他者との距離感を学ぶ	③	
	幼児	プライベートゾーンを知る	④	
	小学生	プライベートとパブリックを知る	④．⑤．⑥．⑦	
C性教育ワーク	幼児・小学校低学年	絵本読み聞かせ（年間）		『幼児版　あかちゃんがうまれる』（ニルス・ダヴェルニエ（著），杉本充弘（監訳）、中島さおり（訳）ブロンズ新社、2008年） 『Photo Book 赤ちゃんが生まれる』（WILL こども地域研究書（著）、北村邦夫（監修），2007年，金の星社） 『みんなうんち』（五味太郎、1981年、福音館書店） 『とにかくさけんで逃げるんだ──わるい人から身をまもる本』（ベティ・ボガホールド（著），安藤由紀（訳）、河原まり子（イラスト）1999年，岩崎書店） 『たいせつなこと』（マーガレット・ワイズブラウン（著）、レナードワイスガード（イラスト）うちだややこ，2001年，フレーベル館） 『みんなおなじでもみんなちがう』（奥井一満（文），得能通弘（写真）2002年，福音館書店） 『おこる』（中川ひろたか（著），長谷川義史（イラスト）2008年，金の星社） 『おおきくなるっていうことは』（中川ひろたか（著），村上康成（イラスト）1999年，童心社）等
	小学校高学年～中学生（男女別）	思春期の心と身体①参考文献や手作り教材を使い、2次性徴について知る		【男子】「男の子が大人になるとき」（岩室紳也著，2014，少年写真新聞社） 【女子】「イラスト版10歳からの性教育」（高柳美知子著，2008，合同出版）
	中・高生（男女別）	思春期の心と身体②デートDVや性暴力、気持ちのコントロールについて学び、話し合う		※取り扱うテーマは年度ごと性教育委員会で検討を行う
	全児童（年齢別に実施する場合もある）	外部講師による性教育ワークや講演（年1回程度）		

①身体の中身あてクイズ

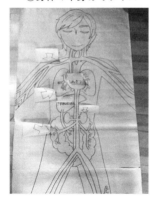

②医療機関の名前あてクイズ

③関係性ワーク

④プライベートゾーン

⑤物のプライベート

⑥時間のプライベート

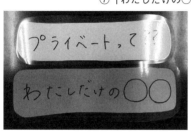

⑦「わたしだけの○○」「みんなの○○」

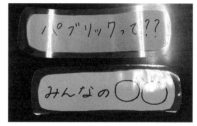

意見を出してくれ、相手を思いやったり、共感したり、時には自分の苦しい胸の内を話してくれることもありました。子どもたちの正しさを求める心、希望に満ちた眼差し、子どもが本来もっている力を目の当たりにし、感動とともになぜ子どもたちのこんなにも素晴らしい力が日常生活で発揮されないのだろうかと不思議になりました。

　改めて振り返ると、性（生）教育プログラムでは一般的知識を学びますが、小さな頃からたくさん傷つきながら生きてきてた子どもたちにとって、一般的知識が自分のこれまでの人生や生活と必ずしも一致しないことがあります。知識を生活に落とし込むためには、職員による生活支援や子どもたちとの関わりに明確な意図や目的を持つ必要があったのです。

　当施設での、子どもたちと職員のある夏休みのエピソードをご紹介します。

　　夏になりカブトムシを捕りに出掛けた子どもたち。4匹のカブトムシを捕獲し、虫かごに入れました。そこにいた職員は、カブトムシを入れた虫かごのふたを夜は開けておくように子どもたちに話しました。子どもたちは、せっかく捕まえたカブトムシが逃げてしまうと反論しました。職員は「カブトムシは夜は結婚相手を探しに出掛けて行くんだよ。だけど、朝になるとご飯を食べにゲージに帰ってくるから、開けておいてごらん」と子どもたちを半ば強引に説得し、夜は虫かごを開けておくことになりました。翌朝、子どもたちは興味津々で虫かごの周りに集まりました。職員の言う通りにカブトムシは虫かごに戻ってきていました。職員は子どもたちにこう話しました。「カブトムシは森で暮らしているよね。大切にしたいからと虫かごに閉じ込めておいてはいけないよ。大切にするということは自由であるということなんだよ」と話しました。子どもたちはまんまるの瞳をし、話しに聞き入っていました。虫かごは夜開けて置き、昼間は閉じるというお世話がこの夏続きました。夏の終わり、子どもたちは「また来年ね」と言って、カブトムシを森に放ちました。

このエピソードには、この職員が子どもたちに何を伝えたいのかということが上手に組み込まれています。生き物を飼うということは命を扱うということなので、森から簡単に捕ってきてはいけないこと、おもちゃにして遊ぶことや、拘束することは大切にするということではないということ、生き物それぞれの特性に合わせた関わり方があるといったことなどが挙げられると思います。性（生）教育プログラムで学ぶ内容と一致する考えがいくつもあります。日常生活に性（生）教育プログラムで学ぶ知識を落とし込むことは、職員自身が〈生きる〉ということにどう向き合ってきたのかということを通じて、子どもたちに伝えることとなるため実はとても難しいことだと思います。このカブトムシのお世話を通じて、子どもたちは体験的、感覚的に〈生きる〉ことを学ぶことができたのではないかと思います。この体験が、子どもたちの未来で「大切な私」「大切なあなた」、そして「大切にすることはお互いが自由であること」なのだと理解できる日がくることを願っています。

5　おわりに

　私が入職した当時、当施設は保育士住込制（現在は通勤制）でした。6畳間に2人の保育士が暮らし、ドアを開けるとすぐ職場という環境で、まさしく子どもたちと共に生活をしていました。勤務時間という概念は事実上なく、毎日息をつく間もありませんでした。その頃の中学生から「どうせ仕事でやってるんでしょ」「親でもないくせに、うるさい」と言われることがよくありました。また、子どもたちの中には高校を中退し、家庭引き取りとなることが多くありました。男の子は仕事に就きますが定着せず、行方知れずに。女の子は若くして妊娠・出産し、育てられずに子どもは乳児院に預けれられるというようなことも目にしました。これらの出来事は、私にとって子どもたちに何もしてあげられなかったという想いや打ちのめされるような記憶として残っています。

　その後、施設内における性（生）教育が浸透し、子どもたちの生活は安

定し、それぞれの子どもたちの成長に職員としての喜びを感じられるようになりました。しかし、入職当時の子どもたちのことを忘れることはありませんでした。そして、彼らに対しての想いは「施設へ入所する前にもっと早く手当されていれば。」「もっと早く出会っていたらできることがあったのではないか。」という気持ちにつながっていきました。

2016年の改正児童福祉法により、社会的養護は新たな方向に進み始めています。乳児院、児童養護施設等は地域の子ども虐待予防の取り組みを行うこととなっています。私は現在、乳児院で予期せぬ妊娠をされた方の相談窓口（妊娠葛藤相談窓口）の担当者をしています。日本では、子ども虐待死亡の約半数が0歳、そのうちの半数弱が0か月となっています。実親には、孤立や貧困、若年、暴力の被害に遭っている等の様々な背景があります。（第17次報告）[2]予期せぬ妊娠は個人の問題と捉えられがちですが、社会の問題であることがわかります。自分ではどうすることもできない辛い環境に置かれ、たくさん傷ついてきた若者が、予期せぬ妊娠をきっかけに地域社会と再びつながり、医療・福祉・教育の関係者や周囲の人びとに大切にされる経験を基盤として、自分らしく生きていける道を見つけていくことができるようになることが大切だと思っています。そして、生まれてくる新しい命について〈実親として子どもの幸せのためにできることが何か〉ということを妊娠期・出産期に十分に考えていくことが、その後の実親と子どもの幸せにつながっていきます。

私が今、出会っている妊婦さんやそのパートナー、そして生まれてくる子どもたちは、当時何もしてあげることのできなかった〈あの時の子どもたち〉であり、〈施設に入所する前に出会いたかった子どもたち〉なのです。

施設で出会った大切な1人ひとりの子どもたちへの想いを胸に、子ども・若者・家族が支えられる地域ネットワークづくり、子どもの権利が守られる社会づくりのためにわずかでも寄与できればと思っています。

［注］
1　厚生労働省「子ども虐待による死亡事例等の検証結果等について（第17次報告）」

第7章
同仁会子どもホームにおける性的問題対応の経緯

荘司貴代

1　同仁会子どもホームについて

　同仁会子どもホーム（以下、ホーム）は、茨城県北部（高萩市）の海・山に近い場所にあり、子どもたちものびのび暮らしています。2001（平成13）年4月、定員26名（現在25名）でスタートしていて、2021（令和3）年現在、本園とユニット棟に分かれる中舎制で、施設長・家庭支援専門相談員・心理士・里親支援専門相談員・栄養士等と児童指導員・保育士の計25名の職員で運営しています。開設当初はまだ珍しかった、調理員以外の職員（直接支援職員）が買い出しから食事作りまでを行うスタイルを続けているのは、ホームの特色のひとつです。

　当法人は、他にも児童福祉施設を茨城県内の三拠点で複数運営しています。県北部には、ホームの他に児童養護施設・乳児院・児童家庭支援センター・保育所・放課後児童健全育成事業・地域子育て支援拠点事業、児童発達支援放課後デイサービスがあります。県央部には、児童養護施設と児童心理治療施設、児童家庭支援センター、アフターケア相談所が、県南部には、児童養護施設と乳児院、発達障害者支援センターがあります。それぞれ地域性も異なり、また併設されている施設も異なるため、特徴を活かした運営が行われているとともに、拠点や種別を超えたつながりの中で子

ども・家庭支援ができていることは法人の強みと言えます。

2 性（生）教育委員会立ち上げの経緯

(1) 性（生）教育委員会立ち上げまで

　ホームにおける性（生）教育は2011（平成23）年度から始まっていますが、まずはそこに至るまでの経緯を説明します。開設当初より性に関する研修には職員が積極的に参加しており、一定の性に関する知識を得ていました。また、施設内でも性的な問題が起こりうるという現実も意識としてもっていたと思います。

　研修に参加した職員は実態を知り、性（生）教育について理解を深め、学んできたことを実践したい、と前向きな気持ちで現場に戻ります。しかし、現場では人手が足りず、目前の子どもの対応に追われて余裕のない状況にあり、また、参加職員と他の職員との間に性（生）教育に対する温度差が生じてしまうため、施設全体の取り組みにするという意欲があっても空回りしていたように思い返されます。結果的に、必要性が生じた時にある程度知識や実践経験のある職員が対応するという、その場しのぎの、全体共有が思うようにいかない性（生）教育になっていました。入所児の施設外での性的問題の発覚や施設内性的問題（高校生の交際相手の妊娠・異性間のふさわしくない接触や性的発言など）も起こり、性（生）教育の必要性を意識する職員もいましたが、施設全体としての意識はまだ低かったのかもしれません。

　そうした中、全国的にも性的虐待や施設内における性的問題がクローズアップされるようになります。危機感をもちながらも、研修で得た知識を他の職員に伝えて共通理解を図るには何から始めればよいのか、また子どもたちに向けた実践とは、と2006（平成18）年頃から模索しながら教材を作ってみたこともありましたが、施設全体の取り組みとして一歩踏み出せずにいました。

(2) 性（生）教育委員会の立ち上げ

　2011（平成23）年3月、東日本大震災が起こりました。高萩市も震度6強の揺れに襲われ、日常生活が困難になりました。幸い負傷者はありませんでしたが、建物の損傷状態がわからず、建屋一階の食堂・集会室に大人数で眠る日々が続きます。震災から1か月ほど経ち、余震の頻度もおさまってくると、各居室に戻り自分の布団で眠るようになりました。当時は、子ども・職員共に精神的に不安定で肉体的疲労も蓄積されていたと思いますが、少しずつ日常を取り戻そうとしていたと思い出されます。その矢先、異年齢の男女間で性的問題が発生しました。

　　　男児による加害。職員の手薄な時間帯に女児の居室に侵入して体をさ
　　わる。被害女児からの報告により発覚。双方からの聞き取りで事実確認
　　を行い、これまでにも複数回被害があったことがわかる。だが、加害児
　　は認めなかったため再発防止プログラムの実施はできなかった。被害児
　　を守る取り組みを実践する。

　性（生）教育実践が必要だと思うだけで行動できていなかった私たちは、入所児を傷つけてしまったというやるせなさがありました。児童相談所等に報告を行い、該当児に対する性（生）教育をどのように進めていけばよいかと途方に暮れてしまいました。そこで、当性教育研究会会長（小木曽宏氏）より一宮学園・山口修平氏をご紹介いただき、当事者の分離や聞き取りなど、知識はあってもそれをどう活用すべきか悩んでいたところを助けてもらいました。性的問題がきっかけになってしまいましたが、施設長からの指示があったこと、2011年以前の入所児が施設外で起こす性的問題の対応を振り返るなかで、性（生）教育委員会の立ち上げに動き出すことになります。

3　性（生）教育実践について

(1) プログラムの実践準備

　初年度（2011年度）は前述の対応を行いつつ、委員会の枠組みづくりの1年間としました。主に性（生）教育研修に参加していた職員と心理士、児童指導員・保育士の4名でスタートしています。一宮学園を訪問して、同学園の実践内容を教示いただき、使用している教材を拝見しました。また、同施設の山口氏をホームに招き、全職員対象で性（生）教育研修会を開催して共通理解を図りますが、全職員対象にしたことで、一人ひとりが性の問題を起こりうる身近なものと捉え、施設全体で取り組んでいくものだと立ち上げ初期に明確化できたことは非常に大きな力になりました。山口氏から、「性（生）教育実践はとにかく始めてみること。真似でもいいからやってみて。教材も使って構わないから」と言われ、肩の力を抜いて取りかかることができました。実際に当ホームの教材は、一宮学園の教材を参考に作っています。

　まずは委員会の愛称を決めました。【まるなか（なかまづくり応援委員会）】（性（生）教育委員会＝まるなか）としましたが、「子どもたちに親しみを持ち、気軽に参加してもらえるような実践にしたい」ということと、「ホームの一人ひとりが日々楽しく暮らし、またそのなかまとトラブルが起こったとしても、解決する力を育んでいってほしい」「私たちも時に手を貸し、応援したい」という思いを込めています。

　児童養護施設の配置基準が見直されて職員数が増えていますが、手厚いケアを必要とする子どもが多く、十分とは言い難い状況です。限られた時間の中で、月1回2時間枠を性（生）教育委員会の時間として取り組めるようにしています。性（生）教育に関心の高い職員のボランティアで取り組んでいるという施設の話を聞いたこともありましたが、会議の設置を明確にすることで、性（生）教育メンバーだけではなく、施設全体で取り組んでいくことという位置づけができると考えています。

そして、目的を明確にして実践の際に留意すべき事項を確認しました。

【目的】自分も他者も大切に、そして安全に・安心して暮らすこと。

　ひとつの性的問題をきっかけにホームの性（生）教育が始まっていますが、問題対応の性（生）教育ではなく、問題の予防の性（生）教育にしたいと考えました。性知識を活用した性（生）教育も大切なことではありますが、起こったことに対しての実践では問題の根本的な解決にはならないと考えます。まずは自分も他者も大切に、そして安全に・安心して暮らすことが大事ではないかと考え、これを目的としました。しかし、日々の様子や言動を見ていると、子どもたちには「なぜそれが必要でなぜそうしなくてはならないのか」という基本的な感覚が育っていないことが多いと感じることがあり、大切な存在と感じることを育めるプログラム作成・実践に努めました。

【目標】

　①子どもたち自身の自尊心を高める

　②自身の感情や身体感覚への理解を深める

　③他者の感情や身体感覚への理解と共感性を深める

　④自他の境界を作る

　「自分は大切」という感覚から「だから他者も大切」という感覚につなげていくことが目標になっています。実践方法などは以下の通りです。子どもたちが参加しようと思ってくれることを最優先にしているので、参加時にはほめて、どんな意見に対しても否定せず受け止めて認める関わりや子どもたちが理解しやすいような簡単・簡潔な実践を心がけるようにしています。

【実践方法】

①実施者：まるなか職員１〜２名

中学生以上の子どもたちの実践は同性職員が実施することが多いですが、子どもたちの意見も取り入れるようにしています。

②時間：主に夕食後の5～15分（実践は5分程度でリラックスして話す時間となっている）

※現在は夕食後の時間帯以外でも行っています。

【実施に際しての注意点（まるなかメンバーで共有）】

①「まるなか」への肯定的イメージを作り、参加意欲を高めるため、子どもたちへの肯定的姿勢と支持的態度をとる。

②子どもたちの年齢や能力を考慮し、イラストや簡潔で平易な言葉等を使い、短時間で実施できるものを提供する。

③子どもたちの「目に見えないことを理解する困難さ」を実施者側が理解しておく。

④子どもたちの年齢、能力、相性、性別によってグループ分けを行う。

⑤プログラムを円滑に実施できるよう、少人数で構成する。

【グループ分け（開始当初）】

①幼児と特別支援校2年（男女混合/5名）→実施後すぐ特別支援校在学児は個別

②小学生女児（2、4年/3名）

③小学生女児（5年/2名）

④小学生男児（1、4年/3名）

⑤小学生男児（3、4年/3）

⑥中高生女児（中1、2年、高3/3名）→実施後、個別が妥当と判断

⑦中高生男児（4名）

⑧中高生男児（2名、希望により個別）

※現在は入所児の構成も変わっているので、新たなグループで行っています。

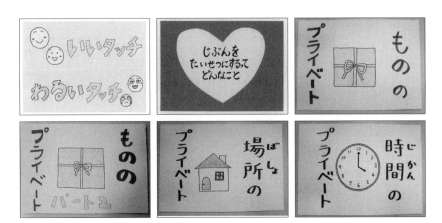

図7-1　2011年当時の紙芝居（同仁会子どもホーム職員作成）

＊「紙芝居・プライベートシリーズ」からの一部抜粋。施設の現状に合わせた子どもたちに分かりやすい内容になっています。

年齢・発達段階や子ども間の関係性などを考慮して2〜3名程度のグループや個別で実施しています。この時、グループの検討も行っています。当施設は定員数が少なく、各学年ともに1〜2名の在籍、加えて、発達の差や相性、性差等、配慮すべき事項もあったので慎重に行いましたが、その後、実践の様子を踏まえて調整を行っています。集団・個別いずれの方法が適しているかは実践を通して見極め、試行錯誤して伝わりやすい方法を探っています。

　実践は紙芝居とワークを取り入れることにしました。一宮学園版紙芝居をもとに、ホーム版に改良を加えています。職員間でロールプレイを繰り返し、子どもたちへの伝わりやすさを第一に考えました。職員による手作りを前提にしているため、あたたかみのある教材になっています。2021（令和2）年現在、当時のものから改良された最新版に差し替えられています。

(2) 性（生）教育委員会プログラムの実践

　2012（平成24）年度から実践を開始していますが、前段階として、子ど

もたち・職員にまるなかについて説明を行い、抵抗を感じないよう配慮しました。

① 2012 〜 13（平成 24 〜 25）年度
2012 年度
【実践内容】
・まるなか導入、絵本の読み聞かせ
　まるなかの時間や内容の説明、年間計画の提示などの初回実施。絵本『みんなおなじでもみんなちがう』[1] を用いて同じ人間でも、一人ひとり性別・体格・性格などちがいがあるが、それでもいいんだよ、ということを伝えている。また、この先展開するプライベートシリーズの入口になる。

・プライベートシリーズ（からだ）　紙芝居・イラスト・生活場面ワーク
　3 回に分けて説明。1 回目は、図 7-1「じぶんをたいせつにするってどんなこと」の紙芝居を用いる。2 回目は、前回の振り返りと、男（女）の裸のイラストを用いて、①下着で隠れていた方が良いところを確認して、着せ替え人形の要領で子どもに下着のパーツを置いてもらう。②さらに、下着では人前に出られないことを確認して、子どもに洋服のパーツを置いてもらう。3 回目は、前回の振り返りと、施設内の写真を用いてからだのプライベートを守らなければならない場所を確認する。また、どのようにすれば守ることができるかを一緒に考える。

・いいタッチわるいタッチ　紙芝居・ワーク
　2 回に分けて説明。1 回目は、図 7-1「いいタッチわるいタッチ」の紙芝居を用いる。2 回目は、前回の振り返りと、ワーク（準備物：模造紙、付箋）。子どもたちにくらしの中にあるいいタッチとわるいタッチを質問して、付箋に書いてもらう。手のイラストを模造紙に描き、いいタッチは手の内側に、わるいタッチは手の外側に貼り出し、視覚的にいいタッチとわるいタ

ッチのちがいを知る。

2013 年度

【実践内容】

・歯磨き教室

　夕食後の実践の場合、歯磨き未実施のまま就寝という流れが見られた。普段から歯磨きが不十分な様子もあったので取り入れる。

・プライベートシリーズ（場所・もの・時間）　紙芝居・生活場面ワーク

　場所・もの・時間の紙芝居を用い、からだ同様プライベートがあることを伝える。また、くらしの中にある場所・もの・時間のプライベートについて子どもたちの意見を聞いて参加者で共有する。全4回。

　からだ・場所・もの・時間のプライベートシリーズが実践の主なものですが、実践初年度は、職員側の負担軽減のため計画には余裕をもたせました。一宮学園では1年間で実践していたプログラムを2年かけて（年7回程度の実践）行うことで、職員側に余裕が生まれるだけでなく、子どもたちの反応を確認しながら教材作り（編集）ができるという利点もありました。

　実践は全児童対象で行いたいと思っていましたが、紙芝居を用いた平易なものだったので中高生には私たちの協力者というかたちで参加してもらっています。当初、参加してもらえるか不安でしたが、協力的で子ども目線の率直な意見を多く得られ、その後の教材づくりの参考にすることができました。あわせて、これまで子どもたちの恋愛の話や性に関して話す時間をあまり設けられませんでしたが、話す時間が増えて話しやすくもなり、その後のリービングケア・アフターケアにつながっています。

【2年間の評価と課題】

　はじめ拒否的な子どももいましたが、慣れるにつれ想定以上に積極的な

参加となりました。とくに低年齢児の理解度は高く、まるなかの意図が浸透していったと感じています。以下に評価点の一部を列挙します。

〈子どもの変化〉
・プライベートゾーンという言葉が聞かれるようになり、着替えや入浴時に他者の視線を気にするなど、自分と他者の境界を気にするようになる。
・他児居室への侵入が減少する。
・気になることがあると、職員に相談してくる。また、他児の言動を指摘してくれる。
〈職員の変化〉
・共通のワード（プライベートゾーンなど）や話題により、日常的に性（生）教育ができる土壌が作られつつある。
・性的問題に対する意識の高まりと共通理解がもてる。
〈環境整備など〉
・男女の居室・スペース（廊下）の境界線を視覚化する。
・食事の際、ランチョンマットの使用で自分のスペースを視覚化し、食器の配置を知る。
・歯磨き粉の個人所有。
・浴室の個別利用と脱衣場のカーテン設置。
・居室内の自分専用のスペースをわかりやすくする（家具の配置や間仕切りなど）。
・同法人乳児院看護師による月経指導。
・乳児院からの措置変更児童と元担当職員との交流。

　まるなかの実践は一定の効果があり、予防の一助になりました。子どもたち自身の自分の場所やものに対する意識が高まり、持ち物の管理ができる・他者から物を借りるときに「貸して・ありがとう」が言えるようになってきました。居室の他児との空間をカーテンで仕切ることは、ハード面で個室化することは困難ですが、「一人になれる空間がほしい」という高校

生の声から実現している環境調整のひとつです。各居室の自分のスペースの模様替えに意見が取り入れられる・脱衣場と廊下を仕切るドアのところにカーテンを取り付ける等、子どもたちの意見をもとに取り入れています。

　性（生）教育開始当初に全体研修を実施したことの意味は大きいと実感していますが、ホームにおける性（生）教育の土台はまるなかメンバーで作っていったので、全職員に周知させなければなりませんでした。立ち上げ当初、「性（生）教育というが、そもそも何をやっているのか」「そこまで必要なことか」等といった考えをもつ職員もいたと思います。そこで、全体会議において報告（会議・実践内容）する時間を設けて、どんな目的でどのような実践を行っているかの共有を図ってきました。園内研修でもまるなかの取り組みを紹介して、子どもたち対象の実践を体験してもらっています。性（生）教育メンバーの負担や孤立を避けることと、「皆で取り組んでいくこと」という意識を全職員にもってもらえるようにしました。

　しかし、新たな性的問題が発覚します（異性間の男児による加害。居室への呼び出しとからだをさわる）。問題が起きてしまったことは該当児童だけでなく、他児等にも申し訳ない事実ですが、被害児から早期の報告があったこと、加害児が事実を認め、再発防止プログラムの導入ができたことなどは２年間の実践を通して、こちらの意図が子どもたちに伝わっていたのではないか、と考えています。

　先ほど評価点をあげましたが課題として見えてきたことは、職員間の共有の他に以下の点になります。

・プログラムの見直し
・再発防止プログラムの整備
・緊急時初期対応マニュアルの整備（図7-2）
・聞き取り用キットの作成

　プライベートシリーズの実践により、子どもたち、まるなか以外の職員の中でも意識が高まりましたが、パブリック（みんなの）場所・もの・時間に対する意識が低いことや欠けていることに気づきました。プライベー

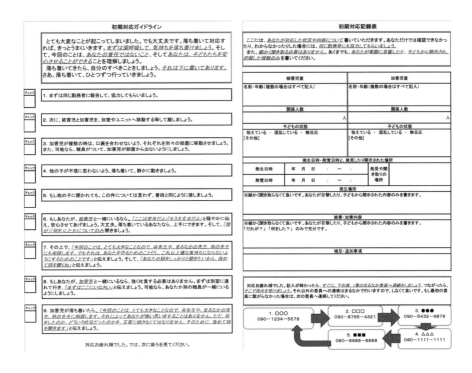

図 7-2　初期対応ガイドライン
＊問題発覚時、職員が落ち着いて同一の対応ができるようにしました。

トとパブリックの境界線が曖昧だったことで起こったのが前述の性的問題
です。問題発覚後、対応マニュアル等の整備を行っています。

② 2014 年度〜 2018 年度
【実践内容】
・プライベートシリーズ（継続）
・プライベートとパブリック
・二次性徴など個人の状況に合わせて
　小学校低学年まではプライベートシリーズを実施しましたが、高学年以

上の子どもたちにはプライベートとパブリックという新たなシリーズを展開しました。その他、個人の状況に合わせて二次性徴の説明も取り入れています（「プライベートとパブリック」の内容は後述）。

　～ 2016（平成28）年度から実施
・二次性徴など個人の状況に合わせて行う
・ソーシャルスキルトレーニング（SST）
　　子ども間のトラブルが頻発し、解決方法を知ることと予防のために実施。
・ことばのプライベート※内容後述
　性（生）教育実践も4年目を迎えると、子どもの入退所や職員の入れ替えがありましたが、くらしの中での浸透度はより高まりました。新たな取り組みも積極的に行っています。

　ただ、性（生）教育の知識を得ていくにつれ、その内容は生活のすべてと言っても過言ではないくらい幅広いと私たちは感じるようになっていきました。まるなかメンバーの増員を行い、またそれ以外の職員の協力がこれまで以上に必要となり、積極的に参加してもらうようになっています。

　2016年度は、入所児の様々な問題行動が立て続けに発生して、安全・安心感のある日々のくらしが保障されない状況になりました。同時に、入退所が過去数年間の中で最も多く、問題対応や入退所に伴う様々なケアに追われ、職員も手一杯の状態でした。この時期、性（生）教育の優先順位は下がり、計画通りに実施することができませんでしたが、以前の安定した日々が戻ってくると、性（生）教育の時間も確保できるようになってきました。これまでにまるなかのプログラムを受けてきた子どもが、新入所児にプライベートゾーンなど、学んだことを伝えている様子を何度も目にするようになります。私たちは問題対応で精一杯になっていた時期に、子ども間で「まるなか」で学んだことをやっていたことに驚きました。子どもの様子から一定の効果と生活に浸透している実感をもっていましたが、性（生）教育で伝えたいことが間違っていなかったこと、くらしの一部に

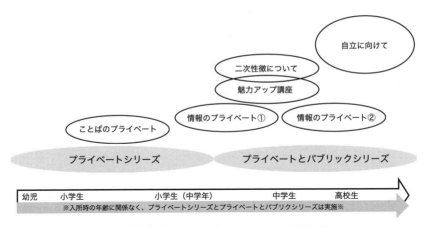

図 7-3　性（生）教育委員会プログラム（筆者作成）

なっていることが嬉しかったです。

　まるなかを始めた当初、小学校低学年だった子どもたちが思春期にさしかかる年齢になり、友人・学校で得る知識も増えてきて、性的発言も増えていきました。友人間に限らず、メディアなどを通して性情報を得る機会が多いので、誤った知識を得る前に正しい性情報を伝える必要性を感じ、二次性徴についてのプログラムを行っています。その他、SST の導入や中高生の性については図 7-3 の通りです。

③ 2018 年度～現在

　現在もまるなかの実践は進められています。子どもたちのくらしに一定の効果があると実感していますが、問題行動をゼロにすることが難しいことも実感しています。伝えたいことのベースに変わりはありませんが、子ども達の実情に合わせて紙芝居の編集や新しいプログラムの検討・作成をしています。具体的には、プライベートシリーズの紙芝居や妊娠・出産・避妊のプログラムの見直し、『『同意』って何？』[2] の書籍を参考に新たに「同意について」のプログラム作成と、「感情の理解と適切な表現」とい

図7-4　新：からだのプライベート紙芝居（同仁会子どもホーム職員作成）

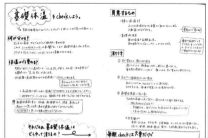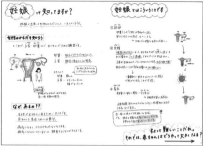

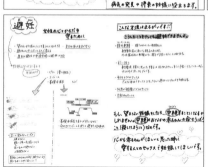

図7-5　女性のからだ・一部抜粋
＊「自立に向けて」の実践は、子どもに合わせてプログラムを構成。
　　“女性のからだについて”はそのひとつ。

う、自分の中にある様々な感情を理解するため、感情をキャラクター化したり、くらしの中の出来事とそれぞれの感情をつなげたりするワークの作成を進めています。

　年齢が上がるにつれ、交友関係の広がりや少年団や習い事など外部の方

とのつながりも増えていきます。そこで、小学校高学年以降の子ども達には「魅力アップ講座」と称して、身だしなみを整えて清潔を保つことの大切さと相手に与える印象についてふれています。

（3）性（生）教育委員会プログラムの紹介

　実践内容は、図7-3に示すプログラムをもとに進めています。子どもの様子を見ながら必要に応じて臨機応変に対応できるようにしていますが、新入所児に対して「プライベートシリーズ」は入所まもなくの時期に集中して実践しています。また、入所前の面接時に、「プライベートシリーズ」の4つのプライベートの概要を伝えています。

　紙芝居や写真は施設内の状況に合わせたものにしたり、体を動かすワークを取り入れたりすることで体感・体験的に伝わる工夫をしました。教材は市販されている書籍等使用することもありますが、できる限り職員の手作りにこだわっています。また、各回実施後にゆっくり話す時間を設け、

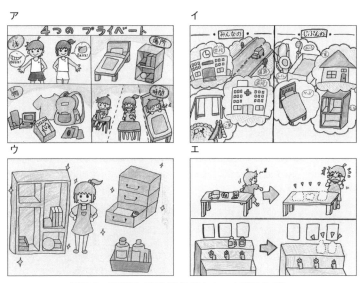

図7-6　紙芝居（同仁会子どもホーム職員作成）

感想や日常の話などをしています。

　情報のプライベートとは、個人情報の取扱について知るワークです。ゲーム機は子どもたちの身近なツールでありながら、世界中と容易につながることができる道具で写真を撮ることもできます。携帯電話（スマホ）を所持することでネットトラブルなどリスクは高まっていくので、自分や他者を守るために必要なことを小学生の頃から伝えるようにしています。その他、二次性徴をはじめ小学校中学年以降のプログラムは、一人ひとりの能力や現状に合わせて対応しています。

　ここでは、ホームのプログラムの中から「境界線のワーク」「ハッピーデー」を紹介します。

①「境界線のワーク」（5回シリーズ）
【1回目】プライベートとパブリックのちがい
ア：4つのプライベートの振り返り。確認した上で、「プライベート（自分）の反対はなんて言うのかな？」と問いかける。返答を待ち、プライベートの反対は「パブリック」「みんなの場所」「みんなのもの」だと伝える。
イ：パブリックとプライベートの例の提示。ホーム内の例も提示。この後、パブリックの写真を提示して説明を加える。
ウ：パブリックな場所やものは色々な人が使うので、プライベートなものを置いておくと紛失等の心配がある。道に財布が落ちていたら警察に届けると思うが、持って行ってしまう人もいますね、と例を提示。
エ：「大切な「プライベート」なものは、自分の「プライベート」な場所に置いておこうね」と呼びかける。

【2回目】もののふりわけ
　前回の振り返り。プライベートとパブリックのちがいを説明するために数枚の写真を見せて「みんなのプライベート」「大人（職員）のプライベート」「パブリック」の3つにふりわけてもらう。これらには「見えない

図7-7　いろいろなライン（同仁会子どもホーム職員作成）

線」が存在することを知っているか問い、「境界線・ライン」と言うことを伝える（ラインの説明は次回）。

【3回目】ラインについて

　前回の振り返り。ラインは目には見えないが、どこにでも存在していて、ホーム内にもあることを伝える。目に見えるかたちでわかるホーム内のラインを紹介（実際の写真を使用）。皆が「ライン」を守ってくらしてくれていることを確認して、大人のプライベートのラインを越える時に許可を得ていることをほめる。ラインが守られることで、自分だけの場所やものが守られて、皆が安心して過ごせることを話す。

図7-8　ワンハンドの体験
（筆者撮影）

【4回目】からだの境界線、ワンハンド

　前回の振り返り。からだの境界線について、実際にからだを使って説明する。からだの動き：両手を左右に広げて前後に動かしてもらう。その手より内側がプライベートで、外側がパブリックだと説明し、図7-8のように、大きな紙の

図7-9　パーソナルスペースの体験（筆者撮影）

上に立ってもらい、手を広げた範囲をペンで記してその範囲がどのくらいになるのか体験してもらう。

このラインは皆がもっていて、人それぞれ大きさがちがうこと、この中に入られると嫌な気持ちになる人が多いことを説明する。人と話をするときなどには、目には見えないがラインを意識して丁度よい距離を取るようにすると、自分も相手も気持ちよく接することができて、もっと仲良くなることができると伝える。

図7-9は、子どもと大人が距離をおいて向かい合い、大人が少しずつ子どもに近づき、距離を縮めていく。不快感・違和感があったところで「STOP」と声を掛けてもらう。大人が表情を変えたり対象者を変えたりすることで感じ方も変化するので数パターン体験してもらう。

【5回目】NO GO TELL

前回の振り返り。自分のラインの中に入られて、嫌だと感じたときにどうするかを考えてもらう。ラインに入られるのはどんな時か尋ね、それはわるいタッチがあった時だと具体例と共に説明する。

嫌だと感じたら、①「いやだ・やめて（NO）」という、②①ができないときや声が出ないとき①ができたときも「そこから逃げる（GO）」、③「大人や信頼できる人に嫌なことをされそうになった（された）ことを話す（TELL）」

この行為は決して弱いことではないこと、勇気が必要なことで強い人。そして、大人や信頼できる人が知ればみんなのことを助けることができると伝える。

②「ハッピーデー」

このプログラムは、一期目のプライベートシリーズが終わったときの振り返りの中で、当時小学生だった男児が、普段他児からの暴言に耐えかねているという話をしてくれたことから始まりました。暴言が当たり

前のように飛び
交い、「ばか・
くそ・しね」等
のワードが日常
的に聞かれてい
たのです。子ど
もたちは自分の
感情を言葉で表
現することが不
得手であり、こ

図7-10　ハッピーデーの台本シート（筆者作成）

れらの言葉を用いて自分の気持ちを表現していたのですが、相手を傷つ
けることになるという認識がない、もしくは低かったのです。また、良
いことも悪いことも「ヤバイ」という単語で表現していることも気にな
っていたので、「ことばのプライベート」という実践で、自分や相手が言
われたら嬉しい気持ちになることば（青のことば＝ありがとうや挨拶）・嫌
な気持ちになることば（赤のことば＝ばか・容姿を形容する言葉）を子ども
たちにあげてもらっています。すると、赤のことばは次々と出てきまし
たが、青のことばが出にくかったのです。ことばのプライベートが守ら
れていなかった子どもたちに、たくさん青のことばを使ってもらうこと
と、自分の気持ちを整理して相手に伝えることのスキルアップのために
「ハッピーデー」を取り入れています。

　夕食後、最近の嬉しかったこと・よかったことなどを自分の気持ちも一
緒に話してもらっています。聞く側の子どもたちも耳を傾け、質問するこ
ともあります。

　現在は、夕食後の時間に限らずくらしのなかで「ハッピーデー」を取り
入れています（図7-10）。以前よりもほめる機会も増えました。

4　同仁会子どもホームの性（生）教育実践のこれから

　子どもたちが生活場面でまるなかの共通言語（キーワード＝プライベート
ゾーンなど）を使い、人目の少ない場所に移動して着替えるなど、自分自
身のことや場所やものを他者のそれらと分けて「自分のもの」として大切
に扱えるようになりました。それだけでなく、同じように他者のそれらも
自分のものと同じように大切に扱うものだという理解もできるようになっ
ています。これは、性（生）教育実践を取り入れたからこその成果でもあ
りますが、そこで得たことがくらしの中に浸透したからこそ実際に行動で
きているのだろうと考えます。

　職員間でホームの性（生）教育実践の目的を共有して、誰もが同じメッ
セージを伝えることの必要性を職員自身が自覚し、意識的に子どもたちと
関われたことも大切なことです。一方で、性（生）教育に積極的な職員と
そうでない職員がいることも事実です。それは職員自身の育ちの環境や価
値観など変えることが容易でないという理由もあります。しかし、一部
の職員だけが一生懸命になりすぎるのではなく、「ホームとして取り組む
こと」という意識を各職員がもつことで性的問題の発生リスクを下げるこ
とができるだろうし、職員間の温度差をなくす効果もあると思います。価
値観の違いはすぐに変えられることではありませんが、研修参加等の学び
の機会を同じようにもつこと、それらを共有することで同じ方向性で性
（生）教育実践が標準化されて進められると思います。

　ただ課題として、性（生）教育実践から時間が経つと、子どもも職員も
それまで意識していた行動が徐々に減少する傾向が見られました。子ども
たちは繰り返しの性（生）教育実践で内容を覚えていますが、時間が経つ
と記憶は薄れて曖昧になります。職員には会議での報告や園内研修で意識
化できるようにしていますが、全員同じように周知することはなかなか難
しいことです。子ども・職員ともに性（生）教育メンバーを中心とした性
（生）教育の視点からの働きかけと継続した声かけや環境整備、くらしの

中で、自然と話ができる雰囲気作りをしていくことで意識の継続は可能だと考えます。それだけではなく、暮らしの安定をはかる手段として、枠組みの設定や暴力を許さない環境と養育の標準化と質の向上、家庭支援、心理療法、生育歴の整理やアセスメント、他機関連携などの性（生）教育以外の様々な視点も必要だと実感しています。

　これまでは性・生に関することはまるなかが対応してきました。実践をすすめ、また問題対応を行う中でホームにおけるまるなかのあり方の見直しも行い、日々のくらしとそのルールが整ってこその性・生教育だと考えるに至りました。

　2011 年度から始めたまるなかの取り組みは、「とりあえずはじめなければ……」「二度と問題が起こらないように……」という思いでスタートしました。そして、当時の施設長のバックアップがあったこと、山口氏の助言をはじめとした実践経験者の話を聞きながら進められたことが性（生）教育メンバーの大きな力になり、皆で進めていこうという土壌が整えやすかったと、今、振り返ってみて思います。

　子どもも職員もダメージを受けた中でのスタートでしたが、あの時、一歩目を踏み出していなかったらその後も性的問題にうまく対応できなかったと思います。性（生）教育実践を取り入れたからすべての問題が解決したというわけではなく、辛いことですが、今でも性的問題は起こり、発生する可能性はゼロではありません。それは、施設入所に至るまでの道のりが、安全・安心で守られたものではなかった子どもたちが様々な課題を抱えて、施設で寝食を共にしているという現実があるからです。ゼロにすることは難しいという現実を受け止めながらも予防できているのは、ホーム全体（子どもと大人）のちからと、性（生）教育や性的問題について施設の中で抱え込まず他施設の職員や多機関多職種の人とつながり、共に考えていく姿勢があるためだと思います。そのちからを強めるべく、予防のためにできることを丁寧に進めていくことが大切なのでしょう。

[注]
1　奥井一満（著）・得能通弘（写真）（2007）『みんなおなじでもちがう』福音館書店
2　レイチェル・ブライアン（作）・中野はるの（訳）（2020）『子どもを守る言葉『同意』って何？——YES、NO は自分が決める』集英社

第8章

児童自立支援施設での性問題行動への取り組み
——トラウマインフォームドケアの観点から

野坂祐子

1　はじめに

　性問題行動のある子どもを受け入れるにあたり、施設が準備しておくことはなんでしょう。再発を防ぐための個室化？　専門的な支援スキルをもつ心理士の配置？　もちろん安全のための環境整備や適切なケアを提供できる人的資源の確保はとても大切です。ですが、どんな取り組みも目的と目標を明確にして、組織が一丸となって進めなければ、効果がないばかりか、むしろ性問題行動の再発が起こりやすい施設になってしまいます。なぜなら、職員が「よかれ」と思ってやっている対応がバラバラで、職員同士の意見もまとまらなければ、熱心に関わっている職員ほど消耗し、職場の雰囲気は険悪になっていくからです。そうした葛藤や不満に満ちた関係性や価値観が共有されない混乱した状態こそ、性問題行動を示す子どもたちが育った家庭と類似した環境であることに留意する必要があります。安全ではない環境では、子どものどんな変化や成長も見込めません。それどころか、ドメスティックバイオレンス（DV）や虐待のあった家庭で育った子どもは、職員間の不和や方針の混乱がトラウマ記憶を想起させるリマインダー（きっかけ）になり、施設での生活はますます不安定になっていくでしょう。

　つまり、性問題行動に取り組むには、子どもだけに何らかの治療教育プ

ログラムを提供すればよいのではなく、職員同士が良好な関係性を築き、施設の環境や体制を見直す必要があるのです。性問題行動とは、非対等な関係性のなかで境界線を破るものであり、自他を傷つける性行動です。こうした行動が変化するには、まず、性問題行動のある子ども自身が安全な関係性を体験し、自分の境界線が守られるなかで、自分と相手を大切にするコミュニケーションを重ねていくことが求められます。職員は、子どもに「正しいこと」を教えようとするのではなく、自らがよいモデルになるという姿勢を示すことが望まれます。

　本章では、主に児童自立支援施設を想定しながら、性問題行動への取り組みをするうえで必要なアセスメントと治療教育の原則、そして、治療教育をより効果的に行うための生活支援とトラウマインフォームドケアのアプローチを紹介します。虐待やネグレクト、性被害やいじめなどの被害体験をもつ子どもたちには、トラウマや逆境の影響を理解しながら対応する必要があります。性問題行動の背景にあるトラウマを理解し、適切に介入することは、子どもへの治療教育の有効性を高めるだけでなく、職員の無力感を軽減するのにも役立ちます。

2　子どもの性問題行動の理解

(1) 性問題行動のアセスメント

　子どもの性問題行動に取り組む前に、職員全員が性問題行動について共通認識を持つことが大切です。個人の倫理観を基準に判断するのではなく、子どもの発達の観点から年齢相応の性行動と性問題行動を区別し、同意のある性的関係との違いを見極める必要があります。職員といっても、世代やジェンダー、人生経験や価値観はさまざまなので、同じ視点から子どもの行動を理解することは容易ではありません。性問題行動を「ただの遊び」と軽視したり、逆に「性犯罪者」と恐れたりすると、子どものニーズを見過ごし、子どもに否定的な自己イメージをうえつけてしまいます。

性問題行動は、思春期の性衝動と誤解されがちですが、性的欲求にのみ基づく行動ではありません。性問題行動の背景には、日常生活や人間関係が満たされず、苛立ちと自信のなさをかかえ、思考の誤りを用いながら無力な状況をやりすごし、性的刺激によって束の間の解放感を得ようとするといった生活上の困難や関係性の課題があるものです。子どもが真に求めているもの（ニーズ）は、虐待やいじめのない安全な生活、楽しみやドキドキする体験による人生の充足感、自分なりに取り組むことでの達成感や自己肯定感、他者から認められる体験などでしょう。それらが得られないとき、つまりニーズが満たされないときに性暴力を用いて不満や無力感を克服しようとするわけです。性的虐待（性的な接触、ポルノを見せられる、被写体にされる）やDV（両親の暴言・暴行や性暴力）にさらされたというトラウマ体験がある場合、トラウマ反応として性的な行動化が起きていることもあります。

　こうした性問題行動が起こる機序（メカニズム）を理解すると、「性欲発散のためにポルノを見せる」といった対応が無意味なばかりか逆効果であることがわかります。同様に、性問題行動を「受験勉強のストレス」とか「障がい特性によるもの」といった単一の理由で考えるのも不適切です。性問題行動の背景には、さまざまな複合的要因があり、子どもの成長過程から長期的・多面的に捉えなければなりません。子どもの個人的要因にばかり注目するのではなく、家庭、学校、地域といった環境要因の把握も不可欠です。子どもがどのような環境や関係性のなかで育ち、どんな経験をしてきたのかを把握し、「なぜ性問題行動として表れたのか」を本人と一緒に探っていくのがアセスメントです。アセスメントは、心理検査の結果を寄せ集めたものではありません。介入をしながらもアセスメントは続けられます。つまり、アセスメント自体が支援的な関わりなのです。

　子どもが安心して正直に話せるようになるために、子どもの話したい気持ちと話したくない気持ちの両方を受けとめながら、信頼関係を築いていきます。子どもが「わかってもらえた」と感じ、自分自身のことが少しず

つ「わかっていく」ことが変化への動機付けを高めます。アセスメント
は、施設の心理職や児童相談所等の職員が行うことが多いかもしれません
が、生活や学校での様子も重要な情報であり、多職種で協働しながら行い
ます（アセスメントの基本や性問題行動の評価については、藤岡 2006；2015, 寺
村 2020 等を参照のこと）。

(2) 治療教育の目的と内容

　性問題行動の変化に焦点をあてた取り組みを治療教育（treatment）とい
います。上述したように、子どもの性問題行動は性的欲求に基づく行動で
はなく、性行動を通した「暴力」です。また、怒りや不満、退屈といった
否定的な感情や認知によって生じる行動であり、それらを緩和させるパタ
ーン化された行動と捉えられます。本人にとって性問題行動は、ストレス
やプレッシャーから一時的にでも解放されたり、自分の力（パワー）を感
じられたりするような欲求充足を伴う行動であるため、「もうやらない」
といった反省や意思の力だけでは改善しにくいものです。

　再発防止に有効なモデルとして、リスク・ニード・反応性（Risk-Need-
Responsivity：RNR）原則（Andrews et al., 1990）があります。有効性のある
治療教育を行うには、性問題行動に関連する再犯リスクの高さに合わせて
介入密度を変え、治療教育によって変化しうる動的リスク（犯因性ニーズ）
に焦点をあてながら、それぞれの反応性、つまり子どもの理解の仕方に合
わせた対応をする必要があります。

　再犯リスクのうち変化が見込まれる動的リスクに介入するのが、治療教
育における学習です（表1）。思春期であれば、カーンによる『回復への道
のり』シリーズの『パスウェイズ』（Kahn 2001, 藤岡監訳 2009）などが参考
になるでしょう。治療教育では、性問題行動が法律や境界線を破るルール
違反であることを学習し、自分の感情に気づき、調整できるようになるこ
と、そして「ちょっとくらいかまわない」「みんなやっている」といった
無責任な行動化につながる思考の誤りを修正することがめざされます。そ

表1　治療教育における主な学習内容 ～『パスウェイズ』から抽出～

法律（違法な性行動）
真の同意、パワーとコントロール
性的な感情とポルノの理解
感情の理解と調整（怒り、衝動性、性的感情、興奮）
開示と否認
思考の誤り
被害者理解
性行動化の理解（「4つの壁」、犯行サイクル）
再発防止計画
自身の被害体験の理解　等

して、性問題行動を抑止するものとして、動機（充足した生活）、内的バリア（良心）、外的バリア（機会の欠如）、被害者の抵抗という「4つの壁」を高くしていくための具体的な取り組みを行います。最終的には「動機」の壁を高くし、最初の一歩を踏み出さないようにするわけですが、それには時間を要します。まずは外的バリアとなるモニタリングをしっかりと行い、性暴力とは何かを学んだうえで、子どもの思考の誤りや感情を扱い、治療教育全般を通して「充足した生活」を実現させていきます。

　このように、治療教育では、性問題行動に関連するリスクに焦点をあてることが重要です。例えば、子どものコミュニケーションスキルや共感性が乏しいからといって、それらにアプローチすることは、本人の親密な関係性にまつわるニーズを満たす一助にはなりえますが、必ずしも再犯リスクを下げるわけではありません。また、リスクの高さによって必要な治療教育の内容や期間は異なるため、アセスメントに基づいて個々に支援プランを立てていく必要があります。

　リスクに焦点をあてるのと同時に、RNR原則の2つ目であるニーズの理解と充足を図ります。基本的なニーズをよりよい手段で満たすことをめざすグッドライフモデル（Good Lives Model；Print 2013：藤岡・野坂監訳2015）では、性問題行動は、安全感や親密感、達成感などのグッドライフニーズが適切な手段で満たされないときに起こるものだと捉えます。リス

クとニーズは裏表の関係にあり、安定した生活が送れるようになることで子どもの再犯リスクも低下していきます。

RNR原則の3つ目は、子どもの反応性に合わせた治療教育を行うことです。どんな教育やケアにも共通しますが、対象者の能力や特性に合わせた対応をしなければ介入の効果は上がりません。発達障がいや知的障がいのある子どもへの治療教育では、とくにこの点で工夫が求められます。基本的に、障がいの有無によって、性問題行動が起こる機序が変わるわけではありません。治療教育で扱うべき課題も同じです。ただ、それぞれの子どもが理解しやすい説明や身につけられる方法を考える必要があります。障がいや特性は脆弱性と捉えられがちですが、むしろ率直さや教えられたルールを遵守する態度などは強み（ストレングス）にもなりえます。時間はかかりますが、繰り返し、根気よく取り組んでいきましょう。

こうした取り組みは、学習内容をドリルのようにこなすだけでは身につきません。子どもの実感と結びつき、かつ、生活とリンクした学習でなければなりません。そのため、生活のなかでできる支援が重要になります。

(3) 生活のなかでできる支援

性問題行動への取り組みの目標は、性暴力の予防にとどまりません。新たな被害を生まないために予防策を講じることは重要ですが、子ども自身が性暴力につながる状況や自分の状態に気づき、適切に対応できるようになることが大切です。性問題行動は、子どもがかかえているさまざまな課題が表面化したものにすぎません。水面下にある状況や問題を解決しなければ、何も変わらないか、別の行動化に移行するだけでしょう。

性問題行動のある子どもたちは、往々にして、暴力的・抑圧的な環境のなかで育ち、自分自身の苦痛を鈍麻させ、他者に気持ちを伝えることをあきらめています。その結果、今さえしのげればいいという刹那的で自己中心的な対処をとりがちです。虐待やいじめを経験した子どもだけでなく、あからさまな暴力はないものの、親の過干渉や圧力、過剰な期待によって、

不満や不安を感じながらも反発できず、自我を形成できずにいる子どもも
います。自立に向かう思春期において、彼らが取り組むべき課題は、自分
の主体性を取り戻すことです。それは、自分の感情に気づき、自分の考え
を持ち、責任ある行動がとれるようになることにほかなりません。この
「自分の……」というのが境界線（バウンダリー）です。性暴力は他者の
境界線を侵害する行為ですが、それは自分自身の境界線が脆弱であること
と密接に関連しています。そのため、子どもの境界線を形成していくこと
が、性問題行動への取り組みの大きな目標になります。

　そのためには、子どもだけに境界線を教えようとするのではなく、施設
全体で境界線を守る環境を整え、職員が率先して境界線を守ることが不可
欠です。職員同士あるいは子どもに対して、職員が無断で境界線を踏み越
えないようにしなければなりません。職員が適切な境界線を示しつつ、子
どもに対しては、入所当初から一貫して、感情や考えへの気づきを促し、
責任ある行動がとれるように支援していきます。生活のなかでこそ、「今、
何を感じているのか」「どう考えたのか」「その行動はよい選択か」に、そ
の都度、向き合っていくことができます。集団生活では、日々さまざまな
葛藤が生じます。そうした現実的な問題を材料にしながら、治療教育で学
んでいる感情や思考を自覚し、気持ちを調整したり、思考の誤りを修正し
ていく体験を重ねていきます。

　子どもの感情、考え、行動への働きかけは、従来から施設で実践されて
きたことでしょう。ただ、これまでの指導は、集団生活での安定や維持に
重きが置かれがちだったかもしれません。例えば、「みんなに迷惑だ」と
伝え、「秩序を乱さない」ことで社会性を向上させるというものです。逸
脱行動に対して、道徳的な観点から社会のルールを教えたり、限界設定を
明確にしたりすることは、一昔前に典型とされた反抗的な非行に対しては
有効な手立てでした。ところが、性問題行動のある子どもの多くは、反抗
的というより従順であり、暴言を吐くどころか、そもそも表情の表出すら
乏しいといった特徴があります。施設では模範生だったのに、退所後すぐ

に再発があったという子どもたちの課題は、むしろ従属的であることや感情を表せないことだといえるでしょう。必要なのは、道徳的な教育や行動制限ではなく、こうした子どもの発達上の特徴に合わせたアプローチなのです。受け身で感情の発達が未熟な子どもの背景にあるトラウマや逆境体験を理解して関わることをトラウマインフォームドケアといい、児童自立支援施設等の職員が共有すべき視点としても挙げられています（厚生労働省 2020）。

3　トラウマインフォームドケア

（1）性問題行動の背景にあるトラウマや逆境

　性問題行動のある子どもによくみられる、自分の気持ちがわからない（ゆえに、相手の気持ちもわからない）、物事を被害的に捉えやすい、衝動的な行動をとる、同年齢の集団ではおとなしいのに自分より弱い立場の相手には威圧的であるといった傾向は、一見すると発達障がいなどの生来的な特徴にもみえますが、子どもの成育環境や何らかの被害体験によるものかもしれません。

　虐待やネグレクトといったトラウマになりうる体験をしていたり、家庭内の暴力の目撃、親の離婚や家族との離別、親のアルコールやギャンブル等へのアディクション（依存）、親の精神疾患や収監など、家族機能が不安定・不十分な環境で育つことは、子どもの安全感を損なう逆境体験（Adverse Childhood Experiences：ACE）となり、子どもの発育や育ちに悪影響をもたらし、思春期以降のさまざまな社会不適応を引き起こしやすくなることが知られています（Felitti et al., 1998）。社会的養護のもとで暮らす子どもたちのほとんどが ACE 体験を有しています（厚労省 前掲書）。

　こうしたトラウマや ACE の影響を理解しながら、子どもの状態や行動を認識し、それに合わせた対応を行うことをトラウマインフォームドケア（Trauma-Informed Care：TIC）といいます（SAMHSA 2014；野坂 2019）。

TIC は、トラウマの記憶の処理や PTSD 症状の治療をするような専門的なトラウマケアとは異なり、日常生活で関わる支援者がトラウマとその影響について知識を持ち、子どもの安心感を高める働きかけをするものです。また、子ども自身が自分の状態についてわかり、トラウマによるさまざまな反応や症状に対して対処できるようになることをめざします。

　性問題行動に影響するトラウマというと、子ども自身が性的虐待や他児からの性被害を受けたことが原因で加害行為に転じたケースが思い浮かぶかもしれません。とくに年少児では、自分がされた行為によって混乱し、不安から強迫的な行動化が生じ、自分の性器を執拗に触ったり、他児の性器（膣や肛門）に指や物を挿入しようとしたりすることはめずらしくありません。トラウマの侵入症状（フラッシュバック）によって、被害時の記憶が頭に浮かび、パニックを起こすこともあります。こうした場合、性被害体験による不安や恐怖を受けとめ、被害を受けた子どもには非がないことを伝え、そのような症状が起こるのは当然であるという心理教育を行ないます。そして、リラクセーション、衝動コントロール、大人への相談といった適切な対処法を子どもと一緒に練習していくことが役立ちます。

　このようにトラウマ反応と直接的に結びついた性問題行動もありますが、幼少期に ACE 体験を重ねることで、感情や認知にまつわる発達が阻害され、トラウマティックな関係性が再演されることで起こる性問題行動のほうが一般的です。虐待やネグレクトを受けたり、機能不全な家族環境で育つことは、不安定なアタッチメントにつながります。アタッチメントとは、子どもの不快な感覚に養育者が気づき、抱っこや声かけによって不快を軽減させるパターンを繰り返すことで形成される関係性のモデルです。表出した感情が養育者に受けとめられ、不快をなだめてもらえることで子どもは安心し、自他への基本的信頼感を獲得します。ところが、アタッチメントが不安定だと、つねに不安で警戒心が強く、感情が抑制され、情動のコントロールもうまくできません。又、境界線が破られてきた子どもは、境界線が脆弱になり、他者との適切な距離を図りにくくなります（浅野・野

坂 2019；野坂 2020a）。

　性問題行動の背景にあるトラウマや逆境を理解するということは、過去の被害体験が直接的な引きがねになるというよりも、こうした発達全般にもたらされる影響を認識し、子どもの発達上の課題に対応していくことにほかなりません。性問題行動の背景にトラウマ体験があることを想定するだけでなく、どのようにそれが加害行為につながったのかという機序を明らかにし、教育や介入に反映させていくのです（野坂 2020b）。TIC の視点を持つことで、性問題行動の「性」や「行動」だけに注目するのではなく、全人的に子どもを捉えて支援することができます。

(2) トラウマインフォームドケアによる治療教育

　より具体的に、TIC による治療教育の進め方を考えていきましょう。インフォームド（informed）とは、「知識を持つ」とか「前提にする」という意味です。まず、職員がトラウマについて学び、子どもの状態を「トラウマのメガネで見る」ことができるようになることが求められます。幼少期にトラウマを受けると、恐怖や不安から過覚醒状態になり、イライラしやすく、落ち着かなくなる傾向がみられます。「また悪いことが起こる」「誰も信じられない」「自分は悪い子」というネガティブな認知（捉え方）も強まるため、投げやりでやる気のない態度をとったり、他者不信から職員への試し行動や挑発を繰り返したりすることがあります。こうした子どもの行動は、問題行動や発達特性とみなされやすく、トラウマ症状であることは見落とされがちです。子どもが暴言や暴力、あるいは引きこもるといった行動を示したときは、過去のトラウマを思い出させるリマインダー（きっかけ）があったのかもしれません。施設の集団生活では、大声や叱責、嬌声、他者の接近、家族に関する話題など、子どもにとってリマインダーになりうる刺激が溢れています。「何が起きているのか」に関心を向ける TIC のアプローチをとることで、子どもへの理解が深まります。こうした捉え方は、性問題行動のアセスメントにおいても役立ちます。

性問題行動の背景にある子どものニーズが把握できたら、それを子どもと共有していきます。子どもが「自分に何が起きているのか」を理解することは、過去の被害への自責感を軽減し、自分の行動は自分が変えていけるという変化の動機づけを高めます。どんな行動であれ、責任はその行動を選択した人にあります。子どもを虐待した責任は、虐待者である親が負うべきであり、どんな子どもにも虐待を受けたことに非はありません。それを明確にすることは、性問題行動によって他児を傷つけた責任は子ども自身にあると伝えることにつながります。たとえ、過去に被害を受けたとしても、他者への加害の言い訳にはなりません。TIC は、子どもの被害体験を扱うものですが、トラウマがあるからといって加害行為を許容するのではなく、むしろ、暴力の責任を明確にして話し合います。このように、暴力とその影響について説明することを心理教育といいます。

　トラウマ症状が強い子どもの場合、本人のケアと治療教育のどちらを優先すべきか、迷うこともあるでしょう。トラウマ症状に限らず、日常生活がままならないほどの健康状態ならば、その治療や回復を優先させるのは当然です。しかし、施設での生活を送れているのであれば、子どもが自分の感情や認知に気づいたり、表現したりできるように職員が働きかけ、行動をコントロールする練習を重ねていくという取り組みを行うことができます。特別なトラウマケアを追加するのではなく、日常の対応を TIC の観点から見直し、トラウマの影響を考慮しながら治療教育を実施します。

　職員の働きかけや治療教育がうまくいかないと感じたときは、「何が起きているのか」を考えてみましょう。子どもの困りごとや把握されていなかった問題が見えてくるかもしれません。

4　生活のなかで学習体験を積み上げるには

(1) 動機づけを高める

　子どもとの信頼関係ができてくると、開示されていなかった加害行為や

被害体験が明らかになることがあります。「なぜ、言わなかったのか」と非難するのではなく、正直に話せるようになった変化を認めましょう。正直であることは、責任ある行動をとることであり、子ども自身のケアにもつながります。性問題行動のある子どもにとって、正直であるのはとても重要なことなのです。

　治療教育では、性問題行動を維持させる思考の誤りや不適切な対処行動を見直していくわけですが、知識を教えれば行動が変わるというものではありません。行動が変わるには、本人にとって「変わったほうがよい」という変化の重大性が感じられ、かつ、「自分も変われるかもしれない」といった自信を持てるようになる必要があります。他者や社会のための望ましさではなく、本人にとっての重大性が大切なので、本人の思いや望みをよく聴くことが求められます。性問題行動をやめることは、これまでの生き方を変えるという大きな変化です。職員は子どもの強み（ストレングス）に着目し、子どものちょっとした変化に気づき、認めていきましょう。

　治療教育のなかで自分の課題に向き合うのは容易なことではありません。性に関する話題への恥ずかしさや抵抗感だけでなく、性暴力をふるうまでに追いつめられていた苦しい現実に直視しなければならないからです。自分の行動がもたらした事の重大性に圧倒されてしまうこともあるでしょう。課題に取り組むなかで、「変わりたい、しっかり考えよう」という思いと、「もう大丈夫、考える必要はない」という両価的（アンビバレント）な態度の狭間で揺れるものです。子どもに関わる職員ですら、「またやってしまうのでは」という不安と、「もう大丈夫だろう」という楽観の両方がわくはずです。子どもも職員も「何をやっても意味がない」といった無力感に陥ってしまうこともあるでしょう。揺れる気持ちや否定的な気分を認めながら、前向きに取り組んでいくことが変化を促します。

(2) 再発を活かす

　どんなに熱心に取り組んだとしても、性問題行動の再発は起こりうるも

のです。性暴力に限らず、ウソやごまかし、ルール違反や暴力といった性問題行動のリスクを高める兆候を再発といいます。再発は、治療教育の過程でほぼ必ず見られるものといってもよいでしょう。

　再発が起こると、本人よりも職員のほうががっかりするかもしれません。「信じていたのに」と、子どもに裏切られたような気がすることもあります。あるいは、同僚に自分の指導力不足を指摘されそうで不安になるかもしれません。そうした職員自身のショックによる怒りを子どもに向けてしまうことがあるかもしれませんが、厳しく叱責したところで、性問題行動が改善するわけではありません。再発は起こりうるものと認識し、アセスメントの見落としや介入の不足があったのではないかと見直す機会にしていくことが大切です。うまくいっていないのには、何か理由があるものです。職員同士で支え合いながら、この危機を乗り越えていきましょう。

　治療教育が進むにつれ、子どもの状態が一時的に後退・悪化したようにみえることもあります。例えば、おとなしく従順な態度であった子どもが、わがままで反抗的にみえたり、落ち着かずに騒ぐようになったりします。子どもを指導するまえに、「何が起きているのか」を考えてみましょう。これまで出せなかった否定的な気持ちを表せるようになってきたのは、感情が動き始めたという点でよい兆しかもしれません。あるいは、過去の被害体験に向き合うなかで、落ち着かなくなっているのかもしれません。いずれにせよ治療教育の進展と捉えつつ、気持ちの表し方や落ち着く方法（リラクセーションやグラウンディングなど）といった適応的なスキルを教える機会にしていきます。

　治療教育や過去のトラウマの影響だからといって、子どものルール違反や逸脱行為まで許容するわけではありません。それらの影響を職員が理解し、「どのように指導したらよいか」を考えていきます。集団への影響も考慮しながら、職員全体で支援の方向性を再確認しましょう。

5　施設での学びを社会生活に活かすには

(1) 退所に向けてできること

　入所してから一貫して取り組んできた治療教育（学習のみならず広い意味
での治療的体験）によって、子どもは自分のニーズや再発リスクに気づけ
るようになり、それらへの対処として、自分の否定的な感情を調整したり、
困りごとを職員に相談できたり、自分なりの解決法を身につけられるよう
になっていれば、退所後の再発防止プランを立てていきます。

　再発防止プランの目標は、大きくいえば性暴力をふるわないことですが、
そのためには日常のちょっとしたストレスに確実に対処していく必要が
あります。「漫画や音楽で気をまぎらわす」といった一人でできる対処だ
けでなく、他者に援助を求めたり、積極的な問題解決を試みたりするとい
ったバリエーション豊かで実効性のあるプランを立てていきます。これか
らの生活のなかで「あのとき（過去に性問題行動があった頃）と同じパタ
ーンになっている」と自分で気づけるようになることが大切です。そして、
「そうなったら、どうすればよいか」を具体的に考えるところまでプラン
に含めることが求められます。

　何らかの生活の変化は、急性リスクと呼ばれる流動的な危険因子となり、
再発の可能性を高めます。環境の移行や突然のトラブル、人間関係の変化
などは、自分ではコントロールできないものです。そのため、リスクをな
くそうとするのではなく、起こりうることを具体的に予測しておき、対処
する準備性を高めておく必要があります。施設の退所や卒業というよい変
化であれ、本人にとっては、施設での生活や職員や仲間との関係性の喪失
体験にもなりうることに留意しましょう。

(2) 家族支援と地域資源との連携

　多くの施設職員が懸念するのが、退所後の不安定で混乱した生活環境で
す。枠のある施設の生活に順応することで自分を律することができるよう

になった子どもでも、枠のない生活環境に戻ったとたん、生活習慣が崩れ、学校生活も続かず、再び非行や性問題行動を起こすことが少なくありません。とくに、性問題行動にまつわる環境要因の一つである親子関係が改善していなければ、子どもの再犯リスクは軽減しません。そのため、保護者の理解と協力をいかに得られるかが介入の鍵になります。

退所後の子どもの生活環境をよりよいものにするためには、家族支援が欠かせません。さまざまな困難をかかえた家族とつながりを築いていくのは容易ではありません。ですが、子どもの性問題行動によって、家族もまた影響を受けています。保護者や家族をケアしながら、保護者を安全な環境づくりのパートナーと位置づけ、家庭の環境改善を図り、よりよいペアレンティングを身につけられるようにするために、継続的に関わっていく必要があります。

施設の場合、保護者支援は児童相談所のケースワーカーが中心的な役割を担っているかもしれません。ケースワーカーは、家族のアセスメントをしながら、施設との橋渡しをする重要な立場にいます。子どもが施設で治療教育に取り組む間、保護者にも性問題行動について理解してもらい、子どもの課題や変化に関心を寄せてもらえるようにします。少なからぬ保護者が、自分自身も過去に性被害を受けたり、性的なトラブルを経験したりしています。子どもの治療教育に関与してもらうことは、保護者自身の回復にもつながるかもしれません。

きょうだい間の性問題行動であった場合、被害児のケアと回復の状況を把握することが不可欠です。地域資源と連携しながら、家族全体がよい方向に向かっていけるように支えていきます。

こうした長期的で複合的な支援をしていくためには、支援者同士のチームづくりが大切です。連携とは、業務の分担をすることではなく、関わる支援者同士で対話を重ねながら、責任を分かち持つことです。子どもと一緒に取り組んできたさまざまなスキルが、ここでも役立つでしょう。自分の感情や考えを伝えること、他者を信じて助けを求めること、よりよい解

決法を探すこと、あきらめずに取り組み続けること——治療教育の要素は、職員の成長や変化ももたらしてくれるものなのです。

6 おわりに

　性問題行動でしか満たすことのできなかった寂しさや達成感、それによって紛らわせていた不満ややりきれない思いをかかえ、暴力的な方法でしか人と関われなかった子どもが、自分に自信と責任が持てるようになり、友だちができたり、身近な人とよい関係が築けるようになったりすることは、関わってきた職員にとっても喜びが感じられるものでしょう。

　一方、性問題行動のある子どもと関わるなかで、性的な内容に抵抗感や嫌悪感をいだいたり、加害行為について怒りがわいたりすることもあります。あるいは、子ども自身のトラウマ体験を知ると、子どもに同情して、指導がためらわれることもあるかもしれません。

　子どもの性やトラウマに関わる職員も、トラウマの影響を受けています。TIC では、職員自身に「何が起きているか」に気づき、職員のストレスや負担感を自覚することも重要です。そのためには、セルフケアや職場全体での支援体制づくりが欠かせません。職員自身の性に対する価値観や態度を見直し、抵抗感や違和感について職員同士で共有することも大切です。お互いの境界線を守りながら、職員が安心して気持ちや考えを話し合うことが望まれます。こうした職員間の安全で安心な関係性が、性問題行動のある子どもへの取り組みの土台になります。

［引用文献］

Andrews, D. A., Bonta, J., & Hoge, R. D.: Classification for effective rehabilitation: Rediscovering psychology. Criminal Justice and Behavior 17: 19-52, 1990.

浅野恭子・野坂祐子（2019）「子どもの性問題行動の理解と支援—アタッチメントとトラウマの観点から—」笠原麻里・日本トラウマティック・ストレス学会編集委員会（編）『子ど

ものトラウマ――アセスメント・診断・治療』金剛出版、pp.145-157

Felitti, V.J., Anda, R.F., Nordenberg, D.et al.: Relationship of childhood abuse and household dysfunction to many of the leading causes of death in adults. The Adverse Childhood Experiences (ACE) Study. Am J Prev Med 14（4）: 245-258, 1998.

藤岡淳子（2006）『性暴力の理解と治療教育』誠信書房

藤岡淳子（2015）「組み立てる＝アセスメントからケースフォーミュレーション」岩壁茂編 『カウンセリングテクニック入門――プロカウンセラーの技法』臨床心理学増刊第7号、 pp.43-47

Kahn, T.J.: Pathways: A guided workbook for youth beginning treatment, 3rd ed. Safer Society, 2001.（藤岡淳子監訳［2009］『回復への道のり パスウェイズ――性問題行動のある思春期少年少女のために』誠信書房）

厚生労働省子ども家庭局家庭福祉課委託事業（2020）「児童心理治療施設、児童自立支援施設の高機能化及び小規模化・多機能化を含めた在り方に関する調査研究業務一式報告書」 （令和2年3月）, 三菱UFJリサーチ＆コンサルティング.

野坂祐子（2019）『トラウマインフォームドケア――"問題行動"を捉えなおす援助の視点』 日本評論社

野坂祐子（2020a）「対人暴力被害が及ぼす影響」藤岡淳子編『司法・犯罪心理学』有斐閣、 pp.70-88

野坂祐子（2020b）「トラウマインフォームドケア」藤岡淳子編『司法・犯罪心理学』有斐閣、 pp.257-270

Print,B（ed）.:The Good Lives Model for adolescents who sexually harm. Safer Society, 2013. （藤岡淳子・野坂祐子［監訳］［2015］『性加害行動のある少年少女のためのグッドライフ・モデル』誠信書房）

Substance Abuse and Mental Health Services Administration: SAMHSA's concept of trauma and guidance for a trauma-informed approach. HHS Publication No.（SMA）14-4884. Substance Abuse and Mental Health Services Administration, 2014.（大阪教育大学学校危機メンタルサポートセンター・兵庫県こころのケアセンター［訳］［2018］「SAMHSA のトラウマ概念とトラウマインフォームドアプローチのための手引き」）(http://www. j-hits.org/child/pdf/5samhsa.pdf)

寺村堅志（2020）「犯罪者・非行少年のアセスメント」藤岡淳子（編）『司法・犯罪心理学』有斐閣、pp.205-218

第9章
法的理解に基づく支援の方法

杉浦ひとみ

1　事実確認の方法

　事件が起こったときに、どう解決するか。まずは事実を確かめる必要があります。その方法について考えてみましょう。

（1）証拠を探し、確保すること

　事件があったというときに、一般には被害者や加害者の話を聞き、その話の内容が本当かどうかを確認するという手順を取ることが多いでしょう。被害者と加害者の言い分が違うとき、どちらの言う事実が正しいのかを確認するためには「証拠」が必要になります。

　たとえば強制性交（暴行・脅迫を加えて性交をすること）があったという場合に、被害者の膣内に加害者の DNA の精液が残っていれば「性交」の事実の証拠になります。被害者が押さえつけられたときにできた腕の傷やアザが残っていれば「強制」の事実の証拠になることもあります。また、加害事実を行っている際の録画がある場合、それも事実が確認できる証拠です。最近、被害の様子をスマホで録画するなどということも起こっていることからこんなかたちでの証拠も残っている可能性があります。残留精液やけがの痕、録画映像などは事実を裏付ける証拠です。第三者の目撃証

言も証拠となります。また、被害者の話は訴えている内容であると共に証拠でもあります（ただし、訴えている本人の話なので証拠としては信用性は低いです。加害者の話も同じです）。事実を確認するには、まずはそれを裏付ける証拠を探すことが重要になります。そのため、被害の訴えがあったときには、早く証拠を探すこと、確保することが必要です。なぜなら、体内の残留体液も時間が経てばなくなり、腕の傷も消えていきます。目撃者の記憶も薄れていきます。証拠はどんどん散逸してしまうからです。

(2) 人の話を証拠とすること

　人の話の聞き取りについて、その過程を考えてみます。

　あなたが「昨日の午後8時頃に洗面所でAくんを見ましたか？」という質問をされ「はい、見ました」と答えたとき、これはAくんがその時間に洗面所にいたことの証拠になります。あなたの頭の中はこんな経路を取ります。①自分は、昨日午後8時頃洗面所でAくんを見た。②そのことを記憶した。③質問されてその記憶を思い起こした。そして④質問され「はい、見ました」と答えた。つまり、ある事実を証言するためには①「知覚」する（見る、聞く、触るなど）②それを「記憶」する③質問されて記憶を呼び起こす（「再現」）④記憶を述べる（「叙述」）という過程を経るのです。このような過程を経る証拠を「供述（きょうじゅつ）証拠（しょうこ）」といいます。視力聴力に問題がないか、暗がりとか雑音とかでその力が妨害されていないか、記憶力に問題がないかなどがその過程で問題となります。また、人は意図的に記憶と違う虚偽を述べることもあります。語る人が虚偽を話す動機・背景（脅されている、認めると他の事実が発覚するなど）のないことにも留意する必要があります。

2　聞き取りの方法

　人の話の聞き方には、目的に応じて色々な方法があります。大まかに、

法的視点での聞き取り、福祉的視点での聞き取り、医療的視点での聞き取りに分けて考えます。

（1）法的視点での聞き取り——「司法面接」「事実確認面接」
①司法面接とは

　法的視点に立って事実を把握するためには、できるだけ正確に聴き取るための工夫が必要になります。そのために「司法面接」「事実確認面接」「代表者面接」といった面接方法が考え出されてきています。

　これは、主に性的虐待を受けた子どもからの事実の聞き取りとして、最近、日本でも行われてきた聞き取りの新しい取り組みです。これは、①この子どもの供述が脆弱（変わってしまいやすい）なことから、聞き取りの仕方によって大きく影響を受け、記憶が変質してしまう（「記憶の汚染」）ということ、②性被害の体験を繰り返し質問することの被害児への悪影響（フラッシュバックや、それに伴う精神的な悪影響など）を避けるため、早期に、適切な質問をして、それを記録し、質問を何度も、またいろんな機関で繰り返さなくてよいようにすることに着目したものです。

②聞き取りの工夫

　諸外国で進んでおり、日本の研究者も警察官ら関係者に研修実施するなど、日本に導入しています。最近「司法面接」とよばれたり「事実確認面接」、ひとりだけが聞きとりにあたる点をとらえ「代表者面接」と呼ばれたりしているのが、それです。目的とするところは同じなのですが、やり方が国によっても、アメリカなどでは州によっても違うので、方法に微妙な違いはあり、呼び名も違ったりしますが、ねらいは同じです。以下に、聞き取り（面接）の仕方のポイントをまとめます。

〈面接の仕方のポイント〉

　聞き手はひとりだけで原則として１回，出来事に関する事実の聴取を行

います。

　手続きとしては、

　ア・聞き手と子どもの間に、信頼できる関係（ラポール）を作るような
　　　簡単な会話をします。

　イ・その出来事についての話をすることを確認します。

　ウ・子どもから自発的に報告することができればそれを促します。

　エ・そのあとオープン質問[1]をします。「お話ししてください」「それか
　　　らどうしましたか」など自由な話を促します。

　　オ・また、ＷＨ質問（いつ、どこで、誰が、何を、なぜ、どんなふうに）
　　　を用いて回答を導きます。

　録画により正確な記録を行い，子どもが何度も面接を受けなくてもよい
ようにします。

③司法面接の限界

　司法面接は、もともと記憶している事実がそのまま顕出されるように工
夫するものであって、その者が自ら知覚し、記憶した以上の（神のみぞ知
る）真実が明らかになるわけではありません。

④司法面接による聞き取りの対象

　司法面接の趣旨から考えれば、子どもで被害者（特に性被害）はこの聞
き取り方法によって聞き取ることがよいでしょう。

　第三者（目撃した子ども）：子どもの供述の脆弱性という点からは、第三
者でも子どもであれば司法面接によることがよいでしょう。

　加害者：被害による傷つきはないかもしれませんが、子どもの記憶の脆
弱性からは加害児もこの方法によるべきです。また、施設の中にいる子ど
もの場合、加害が自分の被害体験に影響されていることもあります。動機
など聞く際には、被害児同様に留意することが必要になります。

(2) 福祉的視点での聞き取り

　福祉的な観点からの聞き取りで、その子がもつ素質や環境を考え、当該被害や加害を克服して健全に生活を送るために、職員などの支援者との関係性を安定させることも考えながら行う聞き取りといっていいでしょう。ここでは、あからさまな事実の確認は必要ないし、場合によっては事実を隠したい子どもの気持ちを尊重して、その点を明らかにしない、責めないということも必要でしょう。ただし、重要性を意識せずに、事実確認を行わないで、この福祉的な聞き取りに入ることは、事実の解明を不可能にしてしまいます。

(3) 医療的視点での聞き取り

　心の治療を目的とする医療の場合、医師や臨床心理士などの医療関係者は患者が事件について事実を語るかどうかは関係なく、真実と異なる患者の発言もそれを受け止めることになります。例えば、事実以上の過激な攻撃を受けたと訴える被害者の憎悪の心情は、それとして受け止めることになるはずです。したがって、ここでの聞き取りも事実の解明とは別物です。

(4) 聞き取りの順序

　法的視点での聞き取りを、まず優先して行うべきです。事実でない発言をしたが、それが肯定的に受け入れられてしまうと、子どもの記憶は事実でない内容に記憶を変容させてしまう可能性もあるからです。そのような会話がどんどん続いていくと真実の記憶が呼び戻せなくなってしまいます。ですから、まず、法的な聞き取りをし、その後に、必要に応じて福祉的もしくは医療的聞き取りを行うことが肝要です。

3 聴取者に必要な性的知識

(1) 聞く側が、性の問題について正しい知識をもつこと

　たとえば、性器への被害を受けたときに、聞く側が正しい部位の名称を知らなければ、子どもの指示を正確に確認できず、曖昧な内容を残すことしかできなくなってしまいます。そのため、性の問題についても正しい知識をもつことが大切です。

　聞き取る側が、性の問題を猥雑なもの、口にしてはいけないようなものとしか理解できない場合には、聞き取りに当たっても、被害を受けた子どもに、「卑しめられた、価値を低下させられた」という印象を与え、二次被害を与えるような結果を生じてしまいます。

(2) 性的マイノリティーに対する正しい理解をもつこと

　近時、性的マイノリティーの存在は広く知られるようになってきました。LGBT と総称されたりします。女性同性愛者（レズビアン、Lesbian）、男性同性愛者（ゲイ、Gay）、両性愛者（バイセクシュアル、Bisexual）、トランスジェンダー＝身体的な性別と性自認が一致しない（Transgender）の各単語の頭文字を組み合わせた表現です。

　かつての、男女という2種類の性分類や男性女性に対する固定的観念は変えなければいけない段階にきています[2]。

　LGBT の割合は、成人約7万人に対する調査結果では、7.6％（約13人に1人）が当事者というデータがあります[3]。決して希有な存在ではないことがわかりますが、マイノリティーであり、これまで奇異な存在として扱われ偏見をもたれてきたことから、それをカミングアウトすることにも抵抗感があり、もともとストレスの多い生活を強いられています。性的マイノリティーに対する性的加害は、二重の苦痛を強いることになることを十分理解すべきです。ましてや、職員側が「変態だ」「異常だ」といった偏見をもって被害の聞き取りに当たるようなことがあれば、その施設での

その後の生活もできなくなります。性に対する研鑽に加えて性的マイノリティーに対する理解は深める必要があります。

4　法的視点での支援を意識し研修することの必要性

施設内で起こった事件をすべて法的に処理する必要はないですが、法的視点は意識する必要があります。何が違法な行為かを知ること、そして、証拠の存在を基本にして事実を正確に明らかにすること、という意識は共有すべきです。子どもへの聞き取りの仕方は日々学習し、身につける必要があります。オープン質問は、やってみると難しく、聞きたい内容が子どもに透けて見えてしまうこともあり、子どもは迎合し、真実と違った回答をしてしまいます。また、5W1H に留意することも必要です。

5　法的視点での支援と福祉的視点での支援は両立するか

ときとして、法的支援は福祉的支援とは両立しないもの、子どもの資質や実情に鑑みない画一的な扱いが法的支援であると受け取られることがあります。それは正しい理解ではないと思います。まずは法的視点に立って事実を明らかにすること。つまり、法的視点とは、①どのような行為を問題行為と考えるかの指針として法を手掛かりにすること、②事実を正確に把握するために証拠の存在を重視するという法的な事実解明のやり方を基本にすることです。

福祉的な視点は二つの方向で考えることが必要です。

一つは、証拠がないと事実を認定できないという法的な視点を補うものとして。裁判で認めてもらえるような明確な証拠がなくても、こんな事実があっただろうという現場の専門職にはわかる事実があるのではないかと思います。証拠がないからと事件解決を放棄することは福祉の現場では許されないという現実の重みがあります。法的な証拠とは言えない福祉的証

拠を生かしていくことで、被害者は救われますし、加害者は反省の機会を得ることができます。これは適切な福祉的解決です。対処においても、加害児の抱えている要素を福祉的な視点で受け止めて対処し、場合によっては、叱ったり罰したりするのではなく、少し遡って「育て直し」から関わらなければ、加害の違法の理解が「入らない」場合もあるわけで、福祉的な専門的視点で判断して対応するということになるのです。

　ただし、もう一つとしては、あえて語弊を恐れずに言えば、「福祉まがい」の、事実解明そっちのけの対応、しかも福祉的研鑽が積まれていない「個人的な思い込みでの福祉的支援」が存在するという現実に留意する必要があることです。

　問題として取り上げるべきものを放置し、逆に取り上げなくていい事柄を取り上げ、証拠の存在を基本にしない認定を行っても、子どもたちはそれを飲み込めません。どうせ本当のことなんかわかってもらえない、と正義が傷つけられます。偶然、その職員の熱意によって、子どもたちが感銘を受けてよい方向に向かうこともあるとは思いますが、それは子どもに保障されるべき権利に照らしたときには、まぐれ当たりでしかないのです。それが経験則として見習われて行くようなことは、厳に注意されるべきだと思います。このように、法的視点での支援と福祉視点での支援は、決して対立するものではなく、ともに必要な支援であることがわかると思います。

［注］

1　オープン質問（オープンクエスチョン）、対義的な質問としてクローズドクエスチョンは質問の仕方として代表的なものです。クローズドクエスチョンは「これは赤ですか？」のように「はい」か「いいえ」で答えられる質問、または「その時見たのはAですかBですか？」「それはBです」とどちらか択一で答えられるような、答えを限定した質問です。これに対してオープンクエスチョンは「その後どうしましたか？」「彼女の言葉を聞いてどう思いましたか？」などのように、回答の範囲を制限せず相手に自由に答えさせるような質問のしかたをいいます。ここで、オープンクエスチョンを勧めるのは、相手

に予断を与えずに自由な発言を促すためです。

2　自身の性自認や性的指向が定まっていない人という意味でQ（Questioning（クエスチョニング）、Queer を当てることもありますが差別的であることから、最近は前者ととらえられます）。男女のいずれか一方に限定しない性別の立場を取る人という意味でXジェンダー（エックスジェンダー、X-gender）を入れることもあります。また近時、LGBTをSOGI（ソジ）（Sexual Orientation & Gender Identity の頭文字）と呼ぶこともあります。日本語では「性的指向と性自認」という意味でLGBTよりも広い概念になります。国際人権法などの議論では、2011年以降、国際的には「LGBT」ではなく「SOGI」という呼称が使われるようになりました。

3　性的マイノリティーの割合については、「電通ダイバーシティ・ラボ」（以下「DDL」）が、2018年10月に全国20〜59歳の個人60,000名を対象に、LGBTを含む性的少数者＝セクシュアル・マイノリティ（以下「LGBT」層）に関する広範な調査を行ったところ、LGBT層に該当する人は8.9％、「LGBT」という言葉の浸透率は68.5％となりました。ここでのLGBTには、Qも含むものとして広く調査されています（2015年の「電通ダイバーシティ・ラボ」のアンケートより）。

第Ⅲ部
支援体制マニュアル
——性的問題と関係機関の連携

第 10 章

児童相談所と施設との連携

渡邉 直

1 施設内で子ども間暴力が発生すると

(1) 施設職員の疲弊

　施設内で子ども間暴力が発生すると、職員側は「これだけ配慮しているつもりなのに『またか』」という無力感に包まれてしまいます。人間が人間を扱う仕事（心で心を扱う仕事）に従事している感情労働者（A.R. ホックシールド）に見られる無力感・疲弊です。社会的養護の仕事というのは、成果が形に現れにくい仕事であり、どこまでやったらいいかとうキリもありません。このような中であると「燃え尽き症候群」なども起きやすいのが現状です。職員側のスキルの不足の中味が明確であるのなら、スキルを習得すれば対応が可能となりますが、「人としての存在（人格）をかけた仕事」と捉えられる中であると「人としての資質が足りないから」等といったように思い込んでしまうこともあり、これらは人をうつ状態等に追い込むこととなります。「徒労感」「隠された怒り」も潜在しており、「自分のために何かをしていい」とか「楽しんでいい」という感覚そのものが職員には希薄になるのです。これらマイナス志向の雰囲気の蔓延を防ぐには「責めない、責められない」「悩みや限界を率直に話せる関係性」の醸成がチームにあるのが望ましいと思われます。

（2）子どもにみられるあきらめ感

　被害児・目撃児は、職員の対応が入ることで、その後、加害児に「今度チクッたらぶっ殺すぞ」等、さらに暴言を言われたくないと思っています。また、話した内容が皆に知られてしまう部分は嫌だし、周囲から「シカト」「冷たい対応」「無視される」などの"仕返し"をされることも嫌だと思っています。そのため、職員に言っても「"どうせ"言っても、どうにもならいから、言いたくない」と潜在化・秘密化する構造に陥りやすいのです。加害児はもともと被害児であることも多く、被害児・目撃児同様、無力感も見受けられ、子ども自身、希望をもちにくい悪循環状態となりやすいのです。二度と嫌な思いをしなくても済む"安心・安全の土台"の形成がなされない中だと、職員に言えない雰囲気が蔓延してしまいます。

（3）本庁主管課（児童家庭課）による法人指導

　子どもに関する安全責任、管理責任、監督責任、措置責任、法人指導責任等、様々な"責任"を管轄するのが本庁主管課です。それゆえに、本庁主管課は施設（法人）に対して「このようなことを二度と起こさないようにどう取り組むのか」についての改善計画の提出を求め、事故対策委員会等の創設など「原因が何かを突き止め、対策を講じる」よう"指導"することがあります。施設への指導として、例えば、施設から法人理事会へ報告し法人として対処すること、第三者評価委員会へ報告をすること、外部スーパーバイザーを入れて事故調査をすること、施設内での子ども間暴力は職員によるネグレクトに値することを職員は自覚すべきであること、子どもが職員に言える仕組みを工夫する必要があること、全保護者への事実報告（被害加害目撃にかかわらず）と今後の対応策を説明すること（理事会決定→施設から一報→児童相談所が訪問する等の流れを想定）、施設と法人が一緒になって子どもたちへの説明を行うこと、施設内部に生教育部門を設けること、都道府県児童福祉施設協議会等に生教育部会の設置を提案すること、施設と児相とで協働する機会をもつこと、など、様々な角度から指摘

がなされると推察されます。そして、「具体的なことについては児童相談所と一緒に考えるように」と申し添えられるので、処遇面に関して、施設は、本庁主管課の対応に加え、児童相談所との密な連携が必然として求められるようになります。

（4）児童相談所のプロジェクトメンバーが参画する事故対策委員会の開催

　事故対策委員会（ケア検討委員会）での検討は、方向性として、なぜ問題が起きたのか、原因を突き止め改善策を考える等、問題志向となりやすいのが実際です。しかし、問題にのみ捉われてしまうと、組織体制等の弱いところに目が向くこととなり、効力感・肯定感が得られにくいマイナスの方向にのみ思考が働きはじめてしまいます。それでは、既にできていることを活かして次の一手として何が必要となるのかといったような、なかなか、前向きな意見が、なかなか出にくい雰囲気となります。具体的で普遍的なスキルも該当するものが何か不明確で、スキル不足に「どう取り組めばいいのか」具体的な対応も見えにくいのです。対応に際して児童相談所も、共有できる "プログラム" をもち合わせていないことがあるのが現状なのです。

　そのような中、少しでも雰囲気を前向きにするために「これまで取り組んだことで、うまくまわった時は、どんな時？」「その時と今回の時とでは、何が違った？」というあらためての問いかけは、職員達のに「私たちもやれていることはあった」という気付きにつながる可能性が出てきます。得意なところや強みに視点を向けると、化学反応として、少しは前に進めるかなとの感覚から、これからに向けての推進力につながることがあるのです。

（5）問題志向から解決志向への転換

　問題の原因を特定し、原因となるものを取り除く対応法は確かにあります。これまでの子どもの成育環境や、これまでの施設の子どもへの関わり方は重要な情報です。確かに原因を追究し、原因を駆逐することで問題を

解決に導くこともできますが、過去は変えられないし、原因が多数ある場合は、すべての原因に対する対応を考えていくと、時間と手間がとてもかかります。ここでは、変化につながる情報を「質問すること」により収集します。だからといって"なぜ"問題が起きたか、原因を全く解明しないわけではありません。予防策を講じるには、問題が起きた構造を明らかにすることには意味があります。問題がどのようなパターンで発生するか、問題が起きやすい4W1H[1]（"なぜ"Whyを除く4W1H、"なぜ"は後ほど4W1Hから推察していく）情報を導き、リソース（資源・資質）を見出し、話しを積み上げていくと、少し、施設職員が前向きになれます。発生機序がわかってくれば何に対して対応するか明確となり、被害児・目撃児のケア、加害児への心理教育の端緒も見えてきます。安全安心に関することは一人で一つの機関では完結できません。チームとしての取り組みと、それが可能になる推進力が必要になります。

(6) 起きた事実は何かを把握する

　子ども間の暴力で何があったのか。頻度、時間帯、初発はいつか、人のパターンとしてその場に誰かいるのかいないのか、場所としてどこで起きやすいのか、あるいは起きにくいのか、問題はどのように展開していって、何があって終わったのか、加害児、被害児、目撃児の情報から状況を把握します。まずは施設が聞き取りをしますが、その後、児童相談所による聴き取り調査も実施します（図10-1の①参照）。

(7) 事前のリスク検討と問題発生後に行うこと
①子ども要因（リスク）の検討

　子ども間性暴力の場合、前思春期の性的興味から同性同士の事案として発生することが多く、男女の性の問題として発生する割合は一般的に少数です。背景として、施設入所前の育ちの文化、知的・認知・コミュニケーション面でのハンディ、人と人との境界が曖昧さ、などがあることが考え

られます。

②職員側の要因（リスク）の検討

　性の問題は排他的で秘密的なインフォーマルな文化が醸成され、潜在化しやすく発見しにくいものです。起こった事案の問題性から、大人の価値観・耐性が揺れ動かされてしまいます。物理的（構造上の死角）にも職員意識的にも隙を突かれて発生します。したがって、残念ながら、類似の事件が現在に至るまで発生していても職員が気付けない状況が長期化してしまう可能性を内包しています。

③問題発生後に取り組んでいくこと

　物理的な対応工夫策として、密室・死角の構造をなくすための改修をするといっても、それには時間を要します。また、構造上・職員増員やシフトの工夫・配慮を施すなどで100％子どもを"見張る"的な対応は現実的ではありません。そこで、子どもひとり一人共通の理解・認識に至れるよう、具体的でわかりやすいシンプルなルールの共有が必要と考えます。そのため、ⅰわかりやすいシンプルなルールを子ども間職員間で共有し繰り返し確認をしていく。ⅱ常に訴えを聞けるノー・ゴー・テル（NO嫌という・GOその場から離れる・TELL大人に知らせる）を実践可能とすべくその仕組みを構築する。ⅲ子どもたちには定期的に生活の中での「いいこと」「大変なこと」等を聞き取る。ⅳ子どもの当事者性を喚起するため子ども集会を立ち上げる。ⅴ集会などで聞聴き取り結果（被害の訴え）を子ども集団へフィードバックし共有する機会をもつ。ⅵ取り組み状況（訴えへの対応）とその成果（子どもの変化）を共有する機会をもつ。ⅶできていること（同じ状況でも問題が起きなかった例外）への肯定的なフィードバックも忘れずに徹底して行う。ⅷイライラしたら外に出る、誰かに嫌なことを言われたら職員に話す、暴言の吐き合いなど感情のたかぶりが見られるようならその場から離れる、暴力行為が起きたら職員を呼ぶ、などのこと

の徹底と確認をする。ix 入所時に"境界に係るルールの明確化"を徹底し、ルールの明確化の必要性も、はじめに子どもに説明する。x これらの対応により、「何でこんなことをしなくてはならないの」となった時、すべての職員が「何で、何のためにするのだった」「あなたを守ってみんなを守るためだからだよね」と、ブレずに対応できるようにする、と。

　これらの学びを子ども全員で徹底して、もちろん職員も全員が共通のことばで認識します。ⅰ～ⅹの基本的な常識化が子ども全員とできないとうまくいきません。何人かが「知らない」となると、そこから子ども間暴力の問題に発展する可能性があります。境界の基礎を明確化して、問題が起きた時の一過的な取組みとせず、潜在化させない仕組みづくりを法人の認識を含め全体の取り組みとすることが重要なのです。

2　児童相談所関与のもとでの初期介入から終結まで

　児童相談所関与のもとで行われる初期介入から終結までの流れの中で、まずはじめにすることは、暴力の問題が発生した直後に問題が起きた施設が主体となって状況を把握、調査し、被害児、加害児等の当面の安全を講じることです。次に児童相談所も状況把握のために調査に入り、その後、集めた情報を整理、統合し、再発防止に向けて協議対応をする流れとなります。再発防止に向けて当面の対応策が具体化した後に継続して行われようとする対応は、子どものケアや心理教育がメインとなりがちです。児童相談所への通所、あるいは児童相談所が施設に訪問するなどにより子ども個別の対応をすることは、部分的な最適化に向けて、それはそれで確かに必要なことです。プラスして、全体的な最適化に向けて、安全確保のための取り組みを一過的なものとせず、継続し続けることが必要です。暴力を潜在化させず顕在化させつづけ、もって、力の支配によらない安心・安全が実感できる豊かな暮らしを提供し続けられたらベストです（図10-1 の③から⓪への局面）。

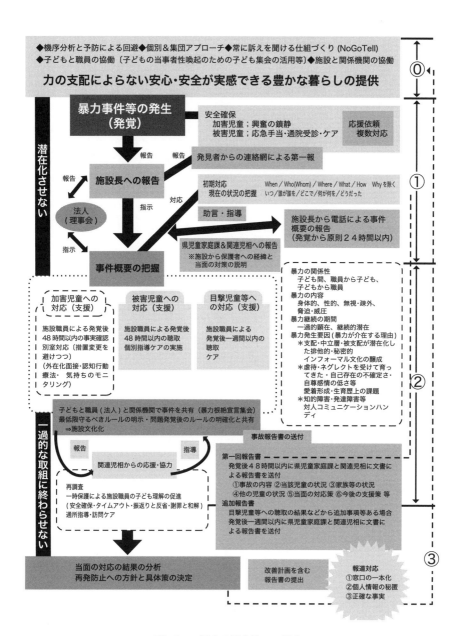

◆機序分析と予防による回避◆個別＆集団アプローチ◆常に訴えを聞ける仕組みづくり (NoGoTell)
◆子どもと職員の協働〔子どもの当事者性喚起のための子ども集会の活用等〕◆施設と関係機関の協働

力の支配によらない安心・安全が実感できる豊かな暮らしの提供

0

暴力事件等の発生（発覚）

安全確保
加害児童；興奮の鎮静
被害児童；応急手当・通院受診・ケア

応援依頼
複数対応

潜在化させない

報告 報告 発見者からの連絡網による第一報

施設長への報告

報告

初期対応
現在の状況の把握

When / Who(Whom) / Where / What / How　Why を除く
いつ/誰が誰を/どこで/何が何を/どうだった

指示 対応

助言・指導

施設長から電話による事件概要の報告
（発覚から原則２４時間以内）

法人
（理事会）

指示

指示

県児童家庭課＆関連児相への報告
※施設から保護者への経緯と当面の対策の説明

1

事件概要の把握

加害児童への対応（支援）

施設職員による発覚後48時間以内の事実確認
別室対応（措置変更を避けつつ）
（外在化面接・認知行動療法・気持ちのモニタリング）

被害児童への対応（支援）

施設職員による発覚後48時間以内の聴取
個別指導ケアの実施

目撃児童等への対応（支援）

施設職員による発覚後一週間以内の聴取ケア

暴力の関係性
　子ども間、職員から子ども、子どもから職員
暴力の内容
　身体的、性的、無視・疎外、脅迫・威圧
暴力継続の期間
　一過的顕在、継続的潜在
暴力発生要因（暴力が介在する理由）
　＊支配・中立層・被支配が潜在化した排他的・秘密的
　　インフォーマル文化の醸成
　＊虐待・ネグレクトを受けて育ってきた・自己存在の不確定さ・自尊感情の低さ等
　　愛着形成・生育歴上の課題
　＊知的障害・発達障害等
　　対人コミュニケーションハンディ

2

一過的な取組に終わらせない

子どもと職員（法人）と関係機関で事件を共有（暴力根絶宣言集会）
最低限守るべきルールの明示・問題発覚後のルールの明確化と共有
⇒施設文化化

報告 指導

関連児相からの応援・協力

再調査
一時保護による施設職員の子ども理解の促進
（安全確保・タイムアウト・振返りと反省・謝罪と和解）
通所指導・訪問ケア

事故報告書の送付

第一回報告書
発覚後４８時間以内に県児童家庭課と関連児相に文書による報告書を送付
　①事故の内容 ②当該児童の状況 ③家族等の状況
　④他の児童の状況 ⑤当面の対応策 ⑥今後の支援策 等
追加報告書
目撃児童等への聴取の結果などから追加事項等ある場合
発覚後一週間以内に県児童家庭課と関連児相に文書による報告書を送付

3

当面の対応の結果の分析
再発防止への方針と具体策の決定

改善計画を含む報告書の提出

報道対応
①窓口の一本化
②個人情報の秘匿
③正確な事実

図 10-1　児童の暴力等への対応

（1）児童相談所での受理

　施設で子ども間暴力が発生した時、まずは迅速に施設から児童相談所へ第一報としての報告が必要となります。報告を受けた児童相談所は、担当福祉司ひとりで対処するのではなく、児童相談所として一機関として受理する必要があります。案件によっては、ひとつの児童相談所だけでなく、措置に絡む複数の児童相談所が一体となった包括的な対応が求められます。スムーズに一報があれば、その後に関係児童相談所が一体となって行う初期調査から実態把握につながり、ひいては後の児童の包括的な安全確保が可能（図 10-1 の⓪の局面）となります。

①施設の一報から受理まで

　かつては、児童相談所が何を知りたいと思っているのか、「これを調べてください」と、初期調査パッケージ書式を施設に電送する等して、効率的に情報を収集する方法を考えていた時期もありました。しかし、現在は多数の「事故報告」が確実に施設から報告される時代となったため、施設が児童相談所に一報すべきポイントが施設側においてだいぶ整理されてきました。そこで、児童相談所側は、受理の際に聞くポイントを整理し一律的に聞き取れるよう体制を整えています。

　基本は「何が起きて（危害の特定）、現在加害児被害児と職員はどのような状況にあるのか、緊急の安全確保はどのようになされているのか」について的確に聞き取とることです（図 10-1 の①の局面）。聞き取った後はすみやかに概要を GL（グループリーダー）統括等に報告し、緊急受理会議として受け付けます。受理会議では受付者より発生した問題の概要を説明、情報の整理を行います。そのうえで、児童相談所側の担当者を決定します。

②受理のポイント

　受付した児童相談所職員は、どこの施設の誰からの通告で、今後折り返しなどは誰にすればよいのかをまず確認します。受理形態が電話によるの

か、来所にて行われたものなのか、来所の際、同伴者はあったのかなかったのか、それを受け付けた日時含め記録に残します。児童に関しては、児童を中心として、一人ひとりについて、性別、生年月日、年齢、所属、措置児童相談所を明確にします。事故の内容や状況、図 10-1 の①の局面の詳細について、以下、ⅰから x について、留意のうえ情報を聴取します。

ⅰ 何が起きたか、事故の内容・状況についての概要、加害児なのか、被害児なのか、それとも目撃児なのか、話を聞いている児童なのか、同性間なのか、異性間なのか。

ⅱ いつ頃からどのくらいの頻度であったのか、今回の発覚までにどれぐらいの時間が経過し、どれぐらいの期間継続していたのか。

ⅲ 場所がどこか、複数にまたがっている場合はそのすべてを明確にする。

ⅳ 発覚の経緯は、職員の目撃か、他の子どもの目撃か、被害児童の告白か、加害児童の告白か、あるいはそれ以外の経緯からの発覚か。

ⅴ 子どもが告白した相手は担当保育士なのか、非担当保育士なのか、ファミリー・ソーシャル・ワーカーなのか、それ以外の職員なのか。そして、その後、当該児童や関係児童等に職員の誰がどの順番でどのように聴取をしたか否か。

ⅵ 被害児童の医療受診の有無、当面の安全確保など、通告段階までの施設の対応。今夜の子どもの安全を確保するために居室や棟を分けるなど、どのような対応を取ろうとしているのか。

ⅵ-1 詳しい状況（事態の全体像）がわかるまで、一時的に被害児と加害児の生活を分離することが必要と判断される場合は、生活の分離の必要性について、加害児には被害を受けた子どもの気持ちを考えて実施することを説明し、被害児加害児双方の子どもを見守り支援する視点で対応しようとしているか。

ⅵ-2 他の子どもへは「施設の中で力の暴力によるトラブルが起きて

いるので対応中です」等と詳しい説明はせずに、被害・加害が多数（複数）生じている場合は、施設全体の問題として、共に正面から取り上げることも必要となることの認識はどうか。

vi-3-1　別室対応は、これにより、当該児童と職員との関わりを密にし、関わる時間を増やす目的の元で実施する必要があること。また、一時保護は、子どもの最善の福祉のために行い、決して「罰」の意味をもたせないことが肝要であること。

vi-3-2　例えば、子どもに落ち着きを取り戻させ、自分がしたことを内省できるよう　にすること等を目的とするなら、本来はまず施設の中で対応すること（施設内での集中対応）が望ましいこと。「問題の発覚」→「即一時保護」→「措置変更」等とすることは、たとえ加害の子であっても結果として子どもを傷つけてしまいかねないこと。

vi-4　一時保護中は、施設と児童相談所の頻繁かつ緊密なやりとりが必要となるため、一時保護期間中は、児童相談所と施設の行き来等、施設職員にも相当の負担がかかるようになることなどの認識がどうであり、共有がなされるか。

vii　複数の児童相談所が関わっている場合は、関与しているすべての児童相談所に第一報を入れているか、未連絡の場合は児童相談所間でも連携を図る必要から、いつ位に連絡をするつもりか。

viii　今後の施設側の連絡対応者、本日中の連絡窓口、明日以降の連絡窓口、今後の長期的な窓口は誰になるのか。

ix　施設長への報告状況、未報告の場合は早急に報告を依頼したほうがよいこと。

x　事故報告書については、事故が発生したこと及び事故発生時のわかっている範囲での概要等をまとめたものと、本件が今後の調査等を経たうえで施設側の支援計画（案）等も盛り込んだ最終的な事故報告書の２つが必要となるが、受理段階では前者を依頼し、提出までにどれぐらいの期間で提出が可能か、あわせて確認をする。また、

前者提出の際に、関わっている児童の相関図、施設の間取り図などの添付も必要に応じて依頼する。

(2) 児童相談所が行う初期調査

　児童相談所が初期調査を行う段階（図10-1の②の局面）では、施設職員の工夫や努力により、被害児、加害児はじめ周辺児童の日常的な安全は確保され、危険からは避難している状況と思われます。そのような中であっても、児童相談所は児童相談所の主体性のもと、被害児の状態、加害児の様子を確認し、どのようなことが要因となって今回の問題が発生したか、見立てる必要があります。

　施設の調査で明らかになっている事故の概要を把握し、受理した時点での不明な点や疑問点を明確にし、初期調査で確認すべき内容を絞っておきます。また、リスク要因だけではなく、施設の対応力なども勘案し、総合的に安全性を判断します。

　当該児童が「安心感をもって過ごせるか」の視点で子どもと面接し情報や心情を聞き取ります。同じ状況の被害・加害でも、その児童の特性や生育歴により、受けるダメージや意味が異なることもあるため、事前に当該児童の基本情報を確認しておきます。また、児童にとって児童相談所職員の面接は、緊張が伴う場合もあるため、"児童相談所職員の訪問"についての主旨を、施設職員から事前に説明してもらう必要があります。説明の内容としては、施設での生活の安全を一緒に考えたいといった支援的な意味での関わりということを、その児童の理解しやすい言葉で伝えてもらうとよいでしょう。面接に際しては、安心して話ができるよう部屋やその雰囲気等、環境の設定に留意します。そして、できる限り誘導にならないよう、オープン質問で尋ねるように心掛け、なかなか応答が得られない場合は、場面や状況を特定するなど、徐々に漏斗で焦点を絞るように質問をします。なお、加害児などが、話をすり替えたり、内容を否認する場合は、事故の内容を直接的に確認することも必要です。また、施設内での加

害（被害）を特定していく上で、司法面接的な手法による聞き取りでは限界があります。施設内での安全を確保するためには、加害を特定、追及する必要があり、施設内の安全性確保を最優先するには、場面の特定や若干の誘導的な質問は避けられません。事故の内容の聞き取り終了後に、「事故も含めた施設への思いや暮らしやすさ」も聴取し、施設へのイメージを確認します。

　さらに、同じような事柄が以前にもあったか、他の児童への広がりはないかについても確認し、施設全体の安全性についても把握します。事故の広がりによっては、調査対象を広げて聞き取りをする必要があるかも協議します。

　各児童相談所で行った当該児童との調査・面接から見立てられた事故発生の機序や要因等を総合化して、児童の関係性（支配−被支配など）や職員との関係、環境要因などの整理を行います。その中で、施設内でのインフォーマルな場面や施設外（登校場面・外出時など）での活動を含む日常的な生活における安全性について検討し、「関係者会議」において、各児童相談所で診断結果を総合化し、関係児童相談所や施設との情報共有を行います。

　このように、施設全体の安全性という視点で評価し、児童相談所の援助方針会議で報告します。

(3) 聞き取りのポイント

　受理のポイント［2-（1）-②］に加えて、児童相談所が施設に直接行くからできることを適宜実施し、状況の把握をします。施設職員に対しては、①現場の確認：問題発生当時の職員の勤務体制を確認するとともに、施設等の見取り図をもらうなど、問題の発生場所や被害児童、加害児童の日常生活上での生活場所を把握するため可能な限り現場を目視確認すること。②加害・被害児童の関係：普段から接点があるか、支配−被支配の関係がみられているか。③被害児・加害児の様子：学校、施設等での適応状況な

ど、普段の被害児・加害児の様子や問題行動があった時の児童の様子でおかしな点があったか、問題行動が発覚した直後の児童の様子はどうであったか、現在の児童の様子も聴取します。加害児童に対しては、同じような問題が起こらないために、どうしたらいいと考えているか。一定の聞きとり後、被害児童には、自分以外に被害児童がいることを知っているかどうか、加害児童には、名前があがっている児童の他に加害を加えた児童がいるのかどうか、確認をします。

(4) 関係者会議について

　関係者会議は、施設と児童相談所が，それぞれで把握した情報を共有しながら、施設内で発生した事故の全体像やその程度、対象児の広がりがあるかないか確認等を検討すること、事故が発生した要因や課題を整理すること、その課題に対する対応や支援計画の策定に向けた意見交換等を目的に開催します。

　施設と関係する児童相談所との連絡調整等が必要であるため、当該会議を開催するに際しての幹事児童相談所を決めます。事故の中心となっている児童の措置児童相談所が第一義的に幹事を務めることが多くあります。加害児が複数の児童相談所にまたがる場合や加害と被害の区別がつかない場合は都度協議します。当日の会議の進行役は施設職員又は幹事児童相談所職員が務めます。

　開催時期は、児童相談所が事故を受理してから、概ね1か月を開催時期の目安とします。ただし、それぞれの関係児童相談所が受理の段階から足並みをそろえることは難しく、初期調査の進捗状況も異なることから、施設または幹事児童相談所が他児童相談所と連絡を取り合い、時期については弾力的に設定するように努めます。

　協議事項として、①問題の概要の共有：施設、関係児童相談所（加害・被害双方）それぞれから、初期調査や子どもとの面接結果を報告し、加害の特定や被害児の状態・加害児の様子など、それぞれが把握した事故の内

容を照らし合わせて事故の全体像を明らかにします。②問題要因：まずは，子ども個人の特徴（生育歴・資質・対人関係の課題等）をあげてもらい、子ども側の要因に触れます。次に、子ども集団の様子（全体の相関図や当事者間の力関係等）を明らかにし、施設内の環境要因（建物等の死角・職員の勤務体制・施設独自の雰囲気等）にも触れながら、問題発生のメカニズムを検討します。③施設の取り組み：現段階において、施設が事態の改善に向けてどのようなことを行っているか、被害児等の子どもたちの安全をどのように確認しているかなど、施設の事故への対応（方針）を確認します。④児童相談所等の支援：児童相談所が提供できる関わりや技術を提示します。当該児の特性に合わせた支援方法の助言や対人関係や行動化に関する対応方法、集団運営（力動関係など）への視点の提示などを行います。施設（安全委員会など含む）と児童相談所（と家庭）の役割分担や学校等の社会資源の活用についても検討します。⑤今後の対応について：施設の特性や現実性を勘案しながら、「施設全体の安全性」の回復及び向上に向けた対応のまとめを行います。施設及び児童相談所の具体的な実施方法やスケジュールについて確認し共有します。最後に、上記の対応策の評価やさらなる情報の共有などの必要性により、次回開催等の要否や時期について決定します。

(5) 支援計画の検討と長期的な安全策の確保

　児童の特性や施設体制の現状では、事故が全く起こらない可能性は低く、入所児童の課題が現れる事象でもあります。そのため、実際には子ども間の不適切な行動に早期に気付くことが重要であり、施設職員が定期的に話を聞く機会の設定や児童からの開示を増やす働きかけや工夫、対応案の検討は必須です（図10－1の③から⓪への局面）。また、施設の支援計画が有効に機能しているか、児童の安心感などから確認する機会も必要であるため、児童相談所が実施している施設訪問など機会を有効に利用し確認、評価につなげることも必要です。

施設職員と児童の関係性や子ども間に引き継がれている施設独特の文化など、当該児童以外にも同様な事故が発生する可能性があります。それらの要因への対応や、事故発生のリスクを広く確認するとともに、施設で実施されてきた有効な対応等も取り上げ、実行性のある長期的支援計画の策定に向けて、児童相談所も主体的に関与する姿勢が必要です。

3　施設が主体でつくる子ども間暴力を防ぐ仕組み
——心理教育の視点から

　力の支配によらない安全安心が担保された豊かな暮らしを子どもが実感できるようになるためには行ってきた取り組みを一過的なものとせず継続し続けることが必要です。立てられた暴力防止プランがうまくまわっていれば、潜在化しやすいことが顕在化しつづけ、早期の発見につながるなどで、子どもが再度暴力に巻き込まれて嫌な思いをすることは少なくなります。長期的に安全策を確保し維持していくために、施設が主体で維持しつづけられるシンプルな安全マネージメントの仕方を、起きた事案をきっかけに、児童相談所と協働してつくり込んでおくことができたら幸いです。その具体的なひとつのやり方を以下に提案します（図 10-1 の③から⓪への局面）。

(1)　問題が起きやすい状況要因をあらかじめコントロールする

　子どもの問題はどのような時に起きやすいのでしょうか。ひとつ、考えられるのは、子どもがすることがなくて"ひま"な時に問題は起こりやすいということです。「自由にしていいよ」とされたとして、その時間をどう有効に活用したらい　いかわからなければ、そして、目標がなく"ひま"な子どもが複数になったら、あまりよくない悪戯を含めた問題行動を起こしてしまう可能性が高まってしまうことでしょう。

　もう一つの状況としては"構ってほしい"という気持ちがある時です。

子どもは大人、担当の先生を独占したくなる気持ちがあるのは自然なこと
です。見てもらいたい、注目してもらいたい、そして、この先生はどこま
で私を受け入れてくれるのだろうか、何らか認めてほしい、褒めてほしい
といった気持ちをもつことは自然です。しかし、度を越してしまうと、担
当個人では応じきれないことが出てくるでしょうし、これまで応じてくれ
ていたのに応じなくなる状況となれば、子どもはますます状況を悪化させ
余計に関わりを求めてくることになってしまいかねません。

　"ひま"で"構ってほしい"を満たすために職員が子どもにずっと貼り
付いて対応することなどは困難です。生活を充実させ、子どもの得意なと
ころが発揮できて、活躍が認められるような他での機会や場、時間が得ら
れるならば、そこで思いが満たされ、それはそれで充実につながると思わ
れます。

(2) マネジメント5層仮説

　施設創設の理念が認識されない状況があるなら、生活のビジョンとして
あらためて認識する必要があります。これを明確化し統一せずにいると、
いつまでたっても施設は個人の判断と個人の力量の中で、安定と不安定を
繰り返すことになりかねません。子どもの安全・安心にかかることは、ひ
とりで対処することは困難です。複数の目で、チームで対応することが必
要なのです。施設全体を恒常的に安定させるためにも、統一された養育感
が必要となります。個別・固有の養育感では結局問題が起きたときに職員
個人の力量に帰属されてしまうため、だからこそ施設全体で共有する方向
性を明確にすることが重要となります。一部の職員から認識は得られても、
それが全体につながらないことも見受けられます。受け入れられたようで、
賛同を得られるのは一部の職員のみとなることもあるかもしれません。具
体的な援助の基本の欠如を補う前提条件としてのビジョンの共有等を受け
入れることが困難という抵抗があるとしたら、それは、理論的反対ではな
く、感覚的な拒絶、変化への抵抗、防衛反応であるのかもしれません。図

図 10-2　児童相談所が施設に提案する子どもの安全を
マネージメントすることに向けての階層イメージ図

10-2 に示したように、「生活のビジョンを共有する」「非暴力とは何かを共有する」「境界のルールを共有する」「問題が起きそうになる事前状況に気づく」「個別指導」といった、5 層の順番を変えることなく積み上げることができれば、安全の土台が確実になるという仮説です。以降で、各層の詳細を見ていきましょう。

①生活のビジョンを共有する

　施設での生活で、大人が子どもと共に作り上げていく生活の目指す方向性、ビジョンは、どのようなものでしょうか。それは施設それぞれに独自のものがあるはずです。そのビジョンは、幼児も高齢児も職員も全員が問われたら即答できるような統一的で普遍的で明確であるのがよいでしょう。たとえば「ありがとう、なかよく、ともに笑顔で」等シンプルであれば、誰もが覚えられます。そして、「私たちの生活って何？」と問われたとき、誰もが即答できるようなものであると、施設全体としての方向性が明確となり、わかりやすい構造ができると思われます。そのようなビジョンが

ある中で、子どもが問題を起こしてしまったとき、「今、あなたがした行動（言動）は、"なかよく"って言えますか？　そこにみんなの"笑顔"はありますか？　"なかよし"って言えますか？　そのビジョンに適ってない行動（言動）があったので先生は今あなたとお話しをしています。じゃあ、今回起きてしまったことを繰り返さないようにするには、どうしたらいいか、先生と考えていこう」など、問題が起きた際に誰もが同じように問いかけていける基盤になると思われます。このベースを明確にすることが、施設生活を構造化する第一歩となるでしょう。

②非暴力とは何かを具体的に共有する

　これもみんながシンプルに理解できる工夫が必要です。専門性の高いペアレント・トレーニング・プログラムを共有に向けての切り口として取り入れるとしてもいいでしょう。しかし、それであると、幼児も高齢児も職員も全員で共有するとなるとなかなかハードルが高いものになってしまいます。そこで、暴力的なコミュニケーションと非暴力のコミュニケーションが頭文字つづりで覚えやすいようにまとめられている非暴力コミュニケーション・パッケージとしての「機中八策®」を取り入れるのも一方法です。

　みなさんは、「子どもが『してほしいことはしない』『してほしくないことをする』ことが続く時、どの色の行動（言動）の切り札をどの順番で切りますか」と問い、どちらのコミュニケーションであれば、より非暴力で子どもの行動の切り替えをスムーズに促せそうか、考えてもらうことが可能となります。

　「機中八策®」は、ちょっと意地悪で伝わりにくく、このカードを切られた人が青ざめてしまうブルーカード（ひどいおとぎばなし）と、コミュニケーションを円滑にし、社会的に望ましい行動としてどうすればいいのかがわかりやすく伝えられ、切られた人がほっこり温かくなるオレンジカード（ほまれかがやきを）の、合計16枚の行動の切り札（カード）から成り

図10-3　非暴力コミュニケーション・パッケージ
　　あなたはオレンジとブルーどちらのカードを切る傾向にありますか。

伝わりやすい非暴力コミュニケーション ほっこり温かいオレンジカード		伝わりにくい暴力的コミュニケーション ちょっと青ざめるブルーカード	
ほ	褒める	ひ	否定形・禁止（don't）
ま	待つ	ど	怒鳴る・叩く
れ	練習する（確認・反復）	い	嫌味を言う（一言ネガ）
か	代わりにする行動を明確にして 提示する（do）	お	脅す
が	環境づくり（いちおし環境）	と	問う・聞く・考えさせる
や	約束する	ぎ	疑問形
き	気持に理解を示す	ば	罰を与える
を	落ち着く（感情）	なし	なじる（人格否定）

いちおし環境
いつも
ちかづいて
おだやかに
しずかな環境

もしもブルーカードを割合的に多く切る傾向にあるならば、オレンジカードがスムーズに切れるよう
練習しましょう。

図10-4　ブルーカードとオレンジカードを切る例

何やってんの	ぎ	疑問形
いつも言ってるでしょ	ど	怒鳴る（叩く）
テレビばっかり見るなって	ひ	否定形・禁止
今日は承知しないよ	お	脅す
一週間テレビなし	ば	罰を与える
今何する時間？宿題やったの？	と	問う・聞く・考えさせる
何回も言ってもわからないバカじゃないの	なじ	なじる（人格否定）
いつもこうだといいのにね	い	いやみ（一言ネガ）

ちょっと意味を持つ頭文字つづりに並び替えると　ひどいおとぎばなし　となります

深呼吸などをして	を	落ち着く
「テレビを消してくれる」等で話せる状況をつくり	ま	待つ
いつも近づいて穏やかに静かな環境で	が	環境づくり
テレビを見たいのはわかるよ、でも、	き	気持ちに理解をしめす
まずは宿題をしてほしいんだ	か	代わりにする行動を提示する
わかった？	や	約束
じゃあ学校から帰ってきたらまず何する？	れ	練習（確認・反復）
ありがとう、じゃあ、今から宿題やって宿題が 　終わったらテレビ見ていいからね	ほ	褒める

ちょっと意味を持つ頭文字つづりに並び替えると　ほめれかがやきを　となります

立っています（図10-3）。

　例えば、学校から帰ってきたらまずは宿題をすることがルールになっているのに、宿題もせずテレビを見ている場面に皆さんが遭遇したとき、あなたはどの色のカードをどの順番で切りますか？（図10-4）

　オレンジとブルーのどちらの方が子どもとの関係性もよいまま、行動をスムーズに切り替えてもらえそうでしょうか。また、次に同じような状況のとき、教えた行動が当人自ら選択できるようになるには、オレンジカードの方が伝わりやすいのは一目瞭然です。

　「してほしいことをしない」状況はストレス場面です。ヒトはストレス場面に遭遇すると、目の前のストレスを排除しようとして、ほぼ反射的に暴力的でちょっと意地悪なブルーカードを切ってしまう傾向にあります。しかし、このカードを切って、一時的に問題がなくなったとしても、その状況は長続きしないものです。代わりにしてほしい行動が伝わりにくいため、問題が再発してしまう可能性が高いからです。

　このような時は、コミュニケーションを円滑にし、子どもが行動を切り替えられやすいオレンジカード（ほまれかがやきを）の出番です。こちらのカードも、皆が持っていない切り札ではありません。しかし、ストレスの場面では、意識をしないと、なかなかオレンジカードは切れないものです。ストレス場面で切れるようになるには相当の練習が必要となります。オレンジカードで教えることができるのなら、次に同じようなときどうするか、子どもにもわかりやすいし、「それでいいんだよ」と認められた行動は、繰り返され、定着していくことにつながります。

　コミュニケーションに不具合が発生してから関わるよりも、齟齬が発生する前に手を打てた方が有効です。このような非暴力の具体を職員も子どももシンプルに共有できることは、自律に向けての大きな力となります。

③境界のルールを共有する

　境界のルール「水着で隠れるところと口は見せたり触ったり触らせたり

しないで清潔にする」を職員、子ども間で確実なものとします。これにより「あなたを守ってみんなを守るためだからだよね」と、ブレない対応を作り込みます。NO・GO・TELL を子どもに教えますが、教えるとともに、定期的な聞き取りができる構造を作り込みます。定期的な聞き取りをせず、子どもに教えるだけの対応だと、子ども間で「チクるんじゃねえぞ」というブロックが入ると、言われた子どもは何も言えなくなってしまうため、聞き取りをすることが当たり前の構造を作る工夫が必要です。

④問題が起きそうになる事前状況に気付く

　問題が起きる 4W1H パターン（"なぜ" Why を除く 4W1H、"なぜ" は後ほど 4W1H から推察していく）が把握できたら、子どもと「ひょっとしてこういう 4W1H の際に問題が起きてないか」と、すり合わせ確認する。そして、問題が起きる事前状況に子どもが気付けるか、気付けたら周りの大人にサインを出してトラブルが起きないよう別室に移動するなどができるか、自分の気づきで問題を回避できる経験を積み上げます。このことにより自分で対処できる力を養うことで、効力感をアップすることができるのです。

⑤その子に応じた対応を配慮する（個別指導）

　子どもの年齢、発達の状況、認知の偏りに応じた対応は、①～④が積みあがった上で配慮をします。安全の土台が確実なもとで個別の対応ができるのが望ましいでしょう。

（3）施設の環境を整える

　風呂場やトイレ、居室、カーテンの陰など、目が届きにくい物理的、建物構造、環境上の死角の問題を整えることがまず1つ目としてあげられます。次に、夜間、夕食後等、問題が起こりやすい時間帯ができてしまう職員体制上の課題克服が2つ目。3つ目として、職員の問題意識に温度差がある等、意識・対応レベルを整えていくこと。4つ目が「止められなかっ

た」「職員に言えなかった」雰囲気が蔓延してしまう入所児への養育・対応です。これらの死角に対しては一つひとつ、具体的に対処する必要があります。

　また、施設側が主体となり対応できるといいこととしては、電話や面接による保護者への説明（保護者ごとに配慮すべき事項については児童相談所ともあらかじめ共有をしておくとよいでしょう）、被害児・加害児・目撃児へのケア対応、子どもの生活の充実につながるよう生教育や余暇、ボランティアなど各種委員会の立ち上げ、入所の際のアセスメントの徹底などが考えられます。

　さらに、ある一定の情報が集まり整理できた段階で、子どもたちへ経過を説明する必要もあります。"安全"は大人たちだけでつくることはできません。子どもたちにも起きていることをオープンにして、子どもたちの協力を得て、みんなで協働して"安全"をつくっていくことが必要だからです。

　子ども間暴力問題が起こった際に、子どもたちへの説明会を開催する時の留意点としては、まずは、子ども全員を対象とすることが必須です。法人職員、施設職員、措置が絡んでいる児童相談所職員も参加できるよう日時を確保し、時間は20分程度と幼児も集中力を保てる範囲とします。施設長からメッセージ、児童相談所からのメッセージを伝え、子どもたちからの意見表明と質問を受け、ミニ講座として生教育実践の時間などを設ける工夫をするのもよいでしょう。これからの職員側の覚悟と対応の具体策をどう展開するのか明確にしておき、それを具体策をもって子どもへの説明として伝えられたら幸いです。安全宣言は、その次の手順に進む前段階で必須となります（図10-1の②の局面）。

(4) 児童相談所（本庁主管課）として研修を請け負う

　子ども間暴力が発生しにくい施設づくりに向けて、本庁主管課としても、対応の方針を一致させることが大切です。児童相談所も、支援者により対

応が違うというのではなく、児童相談所全体（とくに所長と各課長）として一致した対応が共有されることができるのかが肝要となります。方針の確認ができたら、施設長・主任クラスにプレゼンし、納得して受け入れられるよう、魅力的で説得力あるプレゼンを実施します。施設側からのオーダーがくる等、了解が得られたら、施設職員の全体研修として請負い、その中でケースコンサルテーションなども行い、具体的な生活レベルでの理解に落とし込んでいきます。施設が主体で子どもの安全づくりを構築していくことを支援するスタンスでもって、施設内暴力が減るというエビデンスにつなげていくのです。問題が起きてからの対応とするのではなく、起きる前の仕組みづくりに多くの時間を割けるようになれば、5年後、10年後には、子どもにとって、所属する地域で、たくさんの成功体験を得られ、生活の充実が図れるようになると思われます。

［注］
1　When（いつ、時間）、Who（Whom）（誰が、誰を）、Where（どこで）、What（何が何を）、How（どうだった）

［文献］

菱川愛・渡邉直・鈴木浩之（2017）『子ども虐待対応におけるサインズ・オブ・セーフティ・アプローチ実践ガイド――子どもの安全を家族とつくる道すじ』明石書店
渡邉直（2019）「虐待対応のこれから　非暴力コミュニケーション・パッケージ機中八策」『発達』157: 47-51
千葉県児童相談所協議会（2014）『施設入所児童間の問題対応ガイドライン改訂版』

第 11 章

多機関連携による支援と予防
——性的被害経験後の人生に寄り添うために

中野宏美

　私は、性暴力撲滅に向けた啓発活動を手掛ける「しあわせなみだ」[1]という団体を 2009 年に立ち上げ、活動しています。事業の 1 つとして、性的被害等を経験し、施設で暮らす女性・子どもを対象とした講座や、福祉施設職員に対する研修等を行っています。

　本章ではまず、幼少期の性的被害が、その後の人生に与える影響を明らかにします。次に、連携による支援と予防の取り組みを紹介します。最後に、多機関連携の必要性と課題を、提起したいと思います。

1　幼少期の性的被害がその後の人生に与える影響

(1) 性的被害がもたらす影響

　性的被害は、被害直後の心身的な症状にとどまらず、長期に渡り、様々な影響を及ぼすことが明らかになっています。

　警察庁の調査によると、性的被害を含めた児童虐待経験後、重症精神障害相当にある人は 29.4％を占めており、これは殺人・傷害（23.8％）や DV（18.8％）より高い値です[2]。被害から「回復した」という回答は 69.3％と、他の犯罪被害累計より低く、過去 1 年間で、心身の不調などで、「仕事や日常の生活が行えなかった」と感じた平均日数も 45.6 日と、他の犯罪被

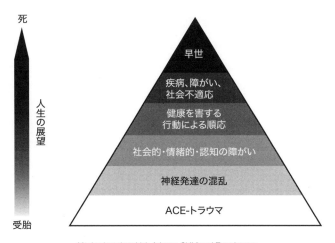

Mechanisms by which Adverse Childhood Experiences
Infuence Health and Well-being Throughout the Lifespan
1995-97ACE Study, 米疾病予防管理センター , USA 友田（2018）

図 11-1

害累計より多くなっています。加えて、世帯平均年収もやや低い傾向が見られました。

　図 11-1 は、性的被害を含めた、不適切な関わり、不適切な養育が、子どもの成長発達に与える影響を示したものです。幼い頃のトラウマや心の傷は、神経発達や情緒的障害を招きます。さらに、「健康を害する行動」として、本書が触れてきた性加害や性依存等といった、（いわゆる）性的問題行動のほか、未成年の飲酒や喫煙、うつや薬物依存等の「社会的不適応」を招き、寿命を縮めることが指摘されています。

（2）性的被害による社会的不適応

　幼少期のトラウマが「社会的不適応」につながることを示すものとして、例えば少年院に入院する女子の 51.4％、男子の 33.8％が、被虐待経験を有しています[3]。

　また、全国厚生事業団体連絡協議会が 2011 年に実施した調査では、協

議会を構成する施設（救護施設、更生施設、宿所提供施設、宿泊所、自立支援センター、身体障害者更生施設、婦人保護施設等）への入居者のうち1798名が、施設入所前に何らかの暴力被害を受けており、うち5.8％を性的被害が占めていました[4]。私が関わった女性シェルターでも、2000年10月から2015年3月までの入居者、のべ436名のうち、58名は親やきょうだいからの暴力、12名は過去の暴力に起因した入所でした[5]。

　また性産業が、家族等からの性的被害等により、家に帰れない女性・子どもの居場所となっていることも、民間団体の取り組み等から、明らかになりつつあります[6]。当団体が2013年度に実施した「家に帰れない子どもたちを対象とした、宿泊所提供と福祉サービスへのつなぎ」事業では、2013年6月から2014年1月までの8か月間で、187名にのべ216泊を提供しましたが、このうち68名が何らかの性被害に遭っていました[7]。そして40名が性売（売春）を、40名が性産業への従事を経験していました。NPO法人女性ヘルプネットワークは、性的被害経験者が性産業で働く理由を、調査を通じて明らかにしています[8]。橋本は、彼女らが性的被害によって、「自分を大切にでき」ずに「無抵抗に性を受け入れたり性的な逸脱を繰り返」すこと、そして、加害者である親等のいる家に戻れず、「生活の手段」として「性を売り物」に使ってきたことを指摘しています[9]。

　さらに、長期に渡るひきこもりの背景の1つに、性的被害があることも指摘されています[10]。若年女性の自殺の要因となりうることや[11]、「自殺企図などの自殺行動のリスクを高めること」[12]も、明らかになりつつあります。

2　多機関連携の実践例

　多機関連携の実践例として、当団体が実施した2事業を紹介します。

(1)「施設で暮らす女性・子どもを対象とした講座」

　当団体では2012年度から、児童養護施設の他、母子生活支援施設、婦

表 11-1　施設で暮らす女性・子どもを対象とした講座実績

	訪問施設数	講座実施回数	参加人数（のべ）
メーク	14	59	361
護身術	7	15	113
収納	6	7	64
料理	5	12	56

人保護施設、更生施設、宿泊所等で、入居者を対象にした講座を開催してきました[13]。表 11-1 は 2022 年 1 月までの実施状況です。

　講座の目的は「自分自身を大切にする時間を作ること」ならびに「施設退所後の自活スキルを身に付けること」です。施設で暮らす女性・子どもの多くは、性的被害をはじめとする暴力を経験しています。このため、自己への「安全感や信頼感が崩れ」[14]、自己肯定感が低くなりがちで、「自分を大切にする」感覚をもちづらい傾向にあります。また施設での入所歴が長くなるに従い、料理や収納といった、暮らしに不可欠な経験を学ぶ機会に乏しくなります。そこで講座を通じて、自分に自信をもち、自身が決めた人生を歩んでいくきっかけをつくることを目指しています。

　メーク講座では、「外見を整える」だけでなく、鏡を通じて自分と向き合い、自らの手で自らに触れ、ケアすることで、今の状態に気付き、よりよい自分を作り出すことの意義を伝えています。その結果、「日頃は無表情で他者との関わりもほとんどない人が、笑顔で話しかけてきた」「面接で自信をもつことができ、就職につながった」といった成果がありました。

　護身術講座では、「身を護る方法を覚える」ことに加えて、「自分を護っていい」こと、そして「自分には自分を護れる力がある」ことを理解できる内容を届けています。受講によって、「他人と距離を置くことが怖くなくなった」「電車内でちかんに遭いそうになり、他の車両に移ろうと思えた」といった効果が見られました。

　料理講座では、食事の場での暴力を経験している参加者が少なくないことから、調理方法だけでなく、自分で献立を考え、食材を購入し、料理を

する楽しさや、本来食事の時間は、癒しの場、安らぎの空間、団らんの機会となることを伝えました。講座によって、「苦手な食材が食べられるようになった」「いつも1人で食べている人が、皆と笑顔で会話を交わしながら食べることができた」等の影響をもたらすことができました。

　収納講座では、「モノの整理はココロの整理」をモットーに、収納を通じて人生を整理し、性的被害を含めた過去に区切りをつけることで、これからの人生に目を向けるよう働きかけました。個々の居室での具体的なアドバイスも行うことで、「心の不安定さが片付けをおっくうにしていた」といった気付きや、「子どもが率先して片づけをするようになった」といった、現状の改善につながりました。

　また、ある児童福祉施設では、同じ敷地内であっても、部屋が整えられた小舎の子どもは落ち着き、職員も穏やかに対応しているのに対し、物が散乱した小舎の子どもは不安定で、職員も慌ただしいという状況を目の当たりにしました。本書執筆者である山口修平氏も、性的被害が起きる施設は、整理整頓が行き届いておらず死角が多いこと、物が雑然と置かれ、子どもの個別性が尊重されていないことを指摘しています。

(2)「施設職員を対象とした研修」

　全国社会福祉協議会が作成した「あなたの歩み」を活用した「暴力経験の振り返りワーク」を実施しています[15]。2022年1月時点で、スーパービジョンは6施設で19講座を開催し、のべ194名が参加しました。暴力振り返りワークは5施設で13講座を開催し、のべ110名が参加しています。

　スーパービジョンは、「講師を招く費用がない」「事情を知らないスーパーバイザーに説明するための準備が大変」「専門家のアドバイスが実践的でない」「とにかく時間がない」といった声が少なくないことから、「エンパワー・ピア・スーパービジョン」という、ケース報告者以外の全員がスーパーバイザーとなり、30分で実施できる手法を導入しました。参加者からは「自分の思考パターンや視点にとらわれずに、発想の転換ができ、

支援の幅が広がる」「利用者の長所が見いだせる」「組織やチームの意識の確認ができ、結束力が高まった」といった、肯定的な意見が多く寄せられました。

　「暴力経験の振り返りワーク」については、当初は職員から入居者に実施できるよう、開催していました。しかし途中から、職員自身が人生経験を振り返るワークに変更しました。それはワークを通じて、性的被害等の困難を経験し、回復の過程にあると思われた職員が、少なくなかったためです。

　児童福祉施設に限らず、福祉業界で働く動機は、職員自身の経験に起因していることが少なくありません。それは「幼少期に寂しい思いをした」「家族に障がい者がいることで引け目を感じた」「祖母を最後まで自宅で看られなかった」等、必ずしもポジティブな要因ばかりではありません。そして、自身の気持ちにフタをして、同様の境遇にある利用者に接しているのです。

　しかし、過去の出来事と対峙し、人生に落とし込んでいなければ、類似の出来事に接した時、非常に感情的になったり、もしくは一切関知しない立場をとることになります。なぜなら、職員自身の出来事と目の前の出来事が一体化し、心身共に再体験の状態に置かれるためです。適切な対応を取れなければ、相手をひどく傷つける、もしくは職員のバーンアウトにつながることにも、なりかねません。

　支援の現場で求められるのは、「同じ困難を経験していること」ではなく、また目の前の相手と自分を同一視することでもなく、相手が「困難とどう向き合い、生きてきたか」を踏まえた上で、自己決定を支え、尊重することです。

　施設で暮らす子どもたちは、性的被害をはじめ、大人たちの想像を超える経験をしています。子どもたちに寄り添うためには、まず職員自身のトラウマが解決されており、心身ともに健康であることが非常に重要です。何か思い当たることがあれば、まずはあなた自身が、経験を振り返る機会をもってほしいと思います。

3 多機関連携の必要性

　ここでは、実践を通じて感じた「なぜ性的被害を経験した子どもに対する、多機関連携が必要か」を、2つの視点からまとめました。

（1）社会的つながりの増幅

　犯罪被害者等の対応にあたる機関を対象とした調査[16]では、犯罪被害者等支援のための多機関連携に向けた提言として、「"傾聴支援"から"実質的な生活支援"の充実」を挙げる一方で、現在の支援においては、「被害者が社会的つながりを築ける」働きかけや、「被害者自身が物事を決めることができるように促す」視点が弱いことを、指摘しています。

　児童福祉施設はまさに、性的被害という名の「犯罪被害」を経験した子どもへの、「実質的な生活支援」を提供する場であり、日々の処遇を通じて、自己決定ができる力を育む働きかけが行われています。多機関連携により、「社会的つながり」を増幅させていくことは、家族からの被害によって、親族関係を断絶され、社会で孤立しがちな子どもに必要な社会資源や生活スキルを整え、施設退所後の人生を底支えするものとなります。

　一方で、施設で暮らすことは、在宅で暮らす中で出会う人々との出会いや経験を、奪うことでもあります。

　例えば、一般家庭で暮らしていれば、当たり前のように接するであろう、宅配業者や、電気ガス水道等の工事業者の人、もしくは両親や祖父母の友人等には、施設で暮らしていれば、接する機会はないでしょう。これは、何気ない日常の中での「身近な大人のロールモデル」を、得られないことでもあります。

　多機関の人々と接することによる「社会的つながりの増幅」は、「施設職員」や「学校の先生」以外の「知っている大人」を増やし、将来のライフプランやキャリアビジョンの想像を豊かにすることに、寄与します。

　学生時代、社会福祉士の実習で児童福祉施設に行った初日、私が衝撃を

受けたのは、「実習生は、子どもにとって迷惑な存在なので、できる限り子どもに関わらないでください」という、担当職員からの一言でした。それから 20 年経った今、私は、実習生すら邪魔者扱いする、施設の閉鎖性による子どもたちへの弊害を、指摘することができます。社会とのつながりを断絶するような処遇は、子どもたちが、他者への信頼を構築できない結果を、生み出すのではないでしょうか。

(2) スペシフィックな包括的支援体制

　厚生労働省は、「地域共生社会の実現」に向け、「地域における住民主体の課題解決力強化・相談支援体制の在り方に関する検討会（地域力強化検討会）」を開催してきました[17]。ここで示された「地域における住民主体の課題解決力強化・包括的な相談支援体制のイメージ」[18]では、支援のネットワークの 1 つとして、「専門的な（スペシフィックな）支援」[19]が挙げられています。これは、身近な圏域では対応しがたい、もしくは本人が望まない課題に対する相談支援体制の構築です。

　性的被害を経験し、児童福祉施設で暮らす子どもたちには、「スペシフィックな包括的支援体制」が必要です。このネットワークは、他の支援ネットワークのように、市区町村や住民主導で構築されるものではありません。子どもを預かる児童福祉施設だからこそ、実現できるのです。

　また、性的被害を経験した人に対しては、医療機関、捜査機関、相談機関等、複数の機関が連携し、必要な支援につなぐ機能・役割を果たす人と場所が必要である[20]ことから、各都道府県に、行政が関与する「性犯罪・性暴力被害者のためのワンストップ支援センター」が設置されました[21]。すなわち、性的被害を経験した子どもには、専門的な知識とスキルを有する機関・人々の連携による支援が不可欠である、ということです。

　図 11-2 は、暴力のサイクルと、サイクルから抜け出すきっかけを記したものです。成人後、婦人保護施設、更生施設、シェルター等に入所する女性たちの背景に、過去の性的被害があることは珍しくありません。包括

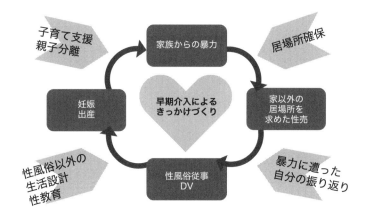

図 11-2 "暴力のサイクル" から抜け出すきっかけづくり（筆者作成）

的支援体制は、児童福祉施設退所後も含めた、暴力のサイクルを抜け出す
きっかけを増やすことにも、つながります。

4 多機関連携における課題

　最後に、実践を通じて感じた課題を提起します。

(1) 第三者の発言を「気づき」として受け止める力

　当団体が講座を実施する中で、講師の発言、もしくは事業そのものが、
「これまで実践してきた援助技術への批判」「自分たちの否定」と受け止
められ、拒絶的な態度を示されることがありました。メーク講座を終えた
方に向かって、「そんなことに時間とお金をかける暇があったら、勉強し
て、退所後に向けた貯金をしてね」という発言をする職員や、エンパワ
ー・ピア・スーパービジョンの手法を無視して持論を展開し、状況が改善
しないケースへの擁護や、クライエントへの「諦め」とも受け取れる発言
に、終始する職員もいました。「こんな経歴の講師に、私たちのことがわ
かるはずがない」と、講座をキャンセルしてきた施設もありました。

背景には、2節2項で触れた、職員自身のトラウマが解消されていないことに加え、児童福祉を担う職業人としての誇りが、「児童福祉施設のしんどさは、働いた者にしかわからない」という、狭い世界に向かってしまっていることが、考えられるのではないでしょうか。

　確かに、連携する機関によっては、子どもたちと生活を共にしているわけではなく、児童福祉の現場での支援を専門としているわけでもありません。

　では、児童福祉施設で暮らす子どもたちに関わることができるのは、児童福祉に従事する職員だけなのでしょうか。私は、「そうではない」と考えます。

　子どもたちは、児童福祉施設で見せる「日常生活」以外の顔を持っています。そうした場面には、児童福祉以外の専門性を持った大人の関わりが、必要になる時があります。子どもと初めて接するからこその「印象」や、児童福祉以外の専門性を持っているからこそ見える「特性」を、職員と共有することは、その後の子どもへの処遇や方針にも、良い影響を与えるのではないでしょうか。

　また、同じ人から何度同じ発言を繰り返されても、聞く耳を持てなかったことを、別の人に言われて、すっと心に落ちた経験は、誰にでもあることです。子どもたちが、日頃から職員が伝えても理解しなかったことを、講師が伝えて納得する姿は、正直、面白くはないでしょう。しかし、これらを「子どもにとっては、良い出来事」という視点で、捉えなおしてみることは、できないでしょうか。

　児童福祉施設の職員も、多機関のメンバーも、「今目の前にいる子どものよりよい未来」を願う気持ちは共通です。第三者の発言を、「批判」ではなく「気づき」として受け止め、子どもの援助技術に活かしていくことを、期待します。

（2）目先の利益だけを追求しない視野

　多機関連携に対し、「即効薬」的な役割を期待する職員は、少なくないと感じています。しかし、多機関による関わりは、あくまで「きっかけ」

にすぎません。何らかの変化が生み出されるためには、子どもが自分自身と向き合い、受け入れ、言動を見直し、習慣づけていくまでの、長い時間が必要です。そこには職員の継続的なサポートが不可欠です。

上下関係に基づく暴力的手法は、「即効薬」としての絶大なる効果があります。子どもは簡単に言うことをきくでしょう。しかしそれは、本心ではなく、「恐怖」による服従であり、性的被害をはじめとした、暴力を経験した子どもを追い詰めるだけです。

当団体の事業についても、何年にも渡り継続して開催を希望する施設がある一方で、「結局何も変わらない」と、1回開催しただけで、中断する施設もありました。その違いは、「職員と事業の目的を共有できるか」「職員が、事業を通じた子どもたちの"ちょっとした"変化に気づけるか」「職員が働きかけを継続できるか」といった、「子ども」側ではなく「職員」側の姿勢でした。

子どもと生活をともにすればするほど、子どもの成長を感じられる瞬間よりもむしろ、必要な習慣がなかなか身につかなかったり、できていたことができなくなったり、(いわゆる)問題行動を繰り返す等、困難を感じる場面のほうが多いでしょう。前向きな展望が得られればよいですが、打開策が見つからないこともあるでしょう。課題の積み重ねによる閉塞感を打破するために、藁をもつかむ思いで、多機関にすがりたくなる気持ちは、非常に納得できます。

しかし残念ながら、子どもが長い年月をかけて習得してきた価値観は、そう簡単に変わるものではありません。だからこそ、多機関連携による「きっかけ」を増やすことで、いつも身近にいる職員だからこそできる「継続的な関わり」に、何らかの刺激をもたらすことができれば、と考えています。

多機関連携が「教えを乞う」のでもなく、「下請け的機能を担わせる」のでもなく、「対等に子どもたちと向き合い、将来への歩みを底支えする」仲間として機能できれば、性的被害を経験した子どもの健やかな育ち

に、ともに寄り添うことができると、私は信じています。

　性的被害後は、WHO が定める心理的応急処置（Psychological first aid：PFA）に加え、「司法手続きも含めた支援」が必要であることから[22]、福祉、医療、保健、教育、警察、司法等、多職種の連携による、包摂的な体制が望まれます。私は、本来この中心にソーシャルワークが位置づけられる必要があると考えています。社会資源の調整により、生活上の困難にアプローチする専門職として、性的被害の経験者に寄り添いながら、支援を調整する機能を果たしていくことが期待されています。

　厚生省社会・援護局（当時）は、今から約 20 年も前に、現代社会の社会福祉の諸問題として、「虐待・暴力」をあげました[23]。性的被害を含めた暴力は、社会福祉が取り組むべき課題として、明確に位置づけられています。今こそ私たちは、性的被害を経験した人々が置かれた状況に真摯に向き合い、知見を共有し、実践を積み重ねていくことが、求められていると言えるでしょう。

［注］

1　http://shiawasenamida.org/
2　警察庁（2018）『平成 29 年度 犯罪被害類型別調査 調査結果報告書（平成 30 年 3 月）』
3　法務省（2019）『2019（令和元）年版犯罪白書』
4　全国社会福祉協議会・全国厚生事業団体連絡協議会・施設における暴力被害者支援のあり方検討委員会（2011）『「施設における暴力被害者支援のあり方検討委員会」報告書』
5　中野宏美・松浦薫（2016）「宿泊所から見える「法制度の対象にならない福祉ニーズ──女性シェルター 15 年の実践を踏まえて」東京社会福祉士会「ソーシャルワーカーデー実践報告」
6　例えば『産経新聞』2013 年 10 月 7 日付朝刊「精神病んでいく児童　養護施設出身者に目立つ被害」,『読売新聞』2016 年 9 月 10 日付朝刊「家追われ　行き場なく　風俗店に」」など。
7　平成 25 年度独立行政法人福祉医療機構助成事業「子ども・女性を対象とした虐待連鎖防止事業」http://kodomo.shiawasenamida.org/report.html
8　NPO 法人女性ヘルプネットワーク（2011）『性的虐待体験者が性産業で働く理由とその実態調査』

9　橋本和明（2004）『虐待と非行臨床』創元社，pp.111-119

10　池上正樹（2016）『ひきこもる女性たち』ベスト新書，pp.42-48

11　特定非営利活動法人 BOND プロジェクト『平成 25 年度東京都地域自殺対策緊急強化補助事業 性暴力に殺される・・・〜届かない女の子たちの SOS 〜 10 代 20 代の女の子の生と性に関する調査報告書』（2014 年）によると，10 〜 20 代女性 369 名を対象に実施した調査で，67％にあたる 249 名が「ちかん」「無理やりカラダを触られた」「無理やり性行為をされた」等，何らかの性暴力を経験しており，そのうち 53％が，「死にたい」「消えたい」と感じていた。

12　中島聡美（2016）「性暴力被害者のメンタルヘルスと心理的支援」小西聖子・上田鼓編『性暴力被害者への支援——臨床実践の現場から』誠信書房

13　講師は次の通りである。メーク講座：メンタルケアメーク 21 の田島みゆき。護身術講座：リアライズ YOKOHAMA の橋本明子。料理講座：子どもを守る目コミュ@文京区のおにぎりつくり隊。収納講座：NPO 法人日本ハウスクリーニング協会の高橋敬子ほか。スーパービジョン：心理カウンセラーの今井彩子。

14　中島聡美（2016）「性暴力被害者のメンタルヘルスと心理的支援」小西聖子・上田鼓編『性暴力被害者への支援——臨床実践の現場から』誠信書房

15　全国社会福祉協議会　施設における暴力被害者支援のあり方検討委員会（2012）「あなたの歩み」、「あなたの歩み活用ガイドブック」

16　伊藤冨士江他（2019）『「犯罪被害者等支援のための多機関連携に関する調査」報告書』http://fujie-ito.com/topics/pdf/topics_190508_01.pdf

17　厚生労働省『地域における住民主体の課題解決力強化・相談支援体制の在り方に関する検討会（地域力強化検討会）』https://www.mhlw.go.jp/stf/shingi/other-syakai_383233.html

18　https://www.mhlw.go.jp/file/05-Shingikai-12201000-Shakaiengokyokushougaihokenfukushibu-Kikakuka/0000154167.pdf

19　原田正樹（2018）「地域共生社会の理念とパラダイム」公益社団法人日本社会福祉士会編集『地域共生社会に向けたソーシャルワーク 社会福祉士による実践事例から』中央法規

20　内閣府犯罪被害者等施策推進室『性犯罪・性暴力被害者のためのワンストップ支援センター開設・運営の手引〜地域における性犯罪・性暴力被害者支援の一層の充実のために〜』https://www.npa.go.jp/hanzaihigai/kohyo/shien_tebiki/index.html

21　内閣府男女共同参画局『性犯罪・性暴力被害者のためのワンストップ支援センター一覧』https://www.gender.go.jp/policy/no_violence/seibouryoku/consult.html

22　中島聡美（2016）「性暴力被害者のメンタルヘルスと心理的支援」小西聖子・上田鼓編『性暴力被害者への支援——臨床実践の現場から』誠信書房

23　厚生省社会・援護局（2000）『社会的援護を要する人々に対する社会福祉のあり方に関する検討報告書』

第12章
性教育プログラムの実践と展開

足立泰代

　私が最初に、社会的養護の中で生活している子どもたちに出会ったのは、学生時代の実習先でした。そこで出会った子どもたちの目と、担当の先生の暖かい眼差しを忘れることができず、児童養護の世界に飛び込みました。そしてそこで待っていたのは、自分が考えていた支援など、手も足も出ないという現実と同時に、体中の五感、すべてを使って「生き抜く」強さとパワーをもった子どもたちでした。

　しかし、そのような強さをもつ子どもたちが、ひとたび施設を出ていくと、「生き抜く」ことから遠ざかり、まるで「生きている」ことをもてあましているかのように、浅い呼吸の中で生活している現状も知ることになりました。

　そのような現実を目の当たりにしたことから、どのような状況においても子どもたち自身が自分の中にある力に気づき、「自分は大事な存在」とほんの一瞬でも感じてもらえるような何か方法はないかと、探し始めました。そこで出会ったのが、カナダで性教育を実施しているメグ・ヒックリング（Meg Hicling）さんでした。ひたすら、淡々と子どもたちに、「からだのしくみ」についてわかりやすく伝えていくというその手法は子どもたち自らが「自分のからだってすごい！」と体感するもので、それは「自分が元々もっている力に気づき、『自分は大事な存在』と伝える方法はこれ

だ！」と一筋の光を与えてくれるものでした。

　では、実際、目の前にいる子どもたちにどのようなかたちで行う「性教育」がよいのか。一歩間違えるとトラウマを再燃させる体験にもなる性教育になることを防ぎながら、誰もが安全な状態をどのように作ったらよいか、また、伝えたいことを伝えるためにはどうしたらよいのか、そこから模索と葛藤の旅が始まりました。

　そして現在、私が提供している「性教育プログラム」は、これまで出会ってきた児童養護施設や児童自立支援施設、児童心理治療施設、乳児院、自立援助ホームや、母子生活支援施設の職員さんたち、また、特別支援学校、定時制、不登校の学校の先生たちと一緒に考え、悩み、目の前にいる子どもたちを、一人一人誰もとりこぼすことなく安全な空間を作りながら、少しでも伝わりやすいものを、そして「自分が大事」を伝えるにはどうすればいいかを毎回、毎回相談し、試行錯誤を繰り返し、そして何よりも出会った多くの子どもたちから教えられ、作成してきたものです。

　以下にそのプログラム作成過程含め、児童養護施設における研修内容、及び子どもワークの大枠をご紹介します。

1　職員研修

(1) 職員研修打ち合わせ（施設見学・子どもたちの生活状況）

　打ち合せ前に職員研修依頼シート（職員研修導入の動機、子どもたちの気になる性行動、子どもたちに伝えたい「性」について、職員間で共有したい内容［性教育以外でも可］等）を記入して、送付してもらいます。それをもって、研修案を作成し、打ち合せ当日にそれを「たたき台」として現場の職員さんと一緒に打ち合せの中で研修案を作成していきます。

　性教育を施設内に取り入れようとした目的、本当のニーズはどこにあるのか？　現場の職員さんたちが困っていることは何か？　職員さんたちの本当の思いは？　今の現場で一番共有したいと思っていることは何なの

か？　ということを柱にして職員研修プログラムを組み立てていきます。

(2) 職員研修

　研修の内容は多くの場合、理論編と子どもたちのワークショップ体験の2部構成です。

〈理論編の例〉（詳細は本書第1部第2章に掲載）
　・性教育を行う視点
　・子どもの性の通常発達の理解
　・トラウマインフォームドケアの視点をもつために
　・アタッチメントについて
　・生活支援の中での境界線について
　・グリーフケア（子どもたちの抱える悲嘆について）の視点から人との
　　距離の現れ方を探る
　・二次的トラウマティックストレスについて（社会的養護の仕事は感情
　　労働！）
　・性暴力の理解
　・子どもの気になる行動の背景とアセスメント
　・子どもの問題行動の本当のニーズに対応するためにどうすればいいか
　　　　　　　　　　　　　　　　　　　　　　　　　　　　　　　　等
　後半部分は、職員さんたちに、子どもたちのワークショップを体験して
いただき、その中で子どもの気持ち、立場を想像しながら、性器のしくみ
や月経、性感染症、避妊、デートDVなどの知識を深めていただくと同時
に、プライベートゾーンや自慰行為の約束などを施設内で子どもたちと共
通言語をもつためのスキルを学んで頂けるように構成しています。

(3) 職員研修配布資料

　研修内容に添った資料を当日配布します。現場ですぐに使えて職員さん

たちの助けになるようなものを準備していきます。

　・子どもの性行動に対する理解　（就学前）（幼稚園〜4年生）（もふもふネット 2018）
　・自然な性的発達とは（グループ・ウィズネス 2014: 15-17）
　・月経カレンダー（からだのカレンダー）（花王ウェブサイト「からだのカレンダー」）
　・性感染症と避妊表（北村・伊藤 2013: 66-67,112-113）
　・相談先一覧例（NPO 法人トレス「アフターケア事業」）
　・LGBTQ 資料（日高 2017:12-13）
　・法律

2　子どもワーク

（1）子どもワーク打ち合わせ（一人一人にとってできるだけ安全なワークを届けるための準備）

①一人ひとりの状況確認を行う
　子どもたちの状況と職員さんたちが苦慮していること、その子どもに伝えたい想いなど丁寧に聞き取りを行います。その上でなぜその子どもが困った状況になっているのかアセスメントし、性教育の視点から何が必要（知識、スキル、環境など）かを職員さんと一緒に考えていきます。

②グルーピング
　子どもワークは10人まで、幼児はできれば7人までのグループを事前に先生たちに作ってもらいます。人数制限をしている理由は、どんなに時間をかけて丁寧な打ち合わせを行っていたとしても、安全な言葉に最大限の配慮を行っていたとしても、子どもたちの表面化されていない、「抱え

ている傷つき」に触れてしまう可能性があります。表情の変化、態度、ため息などからそれを察するしかありません。大人数の場合、そこに気付くことができないからです。そのため、人数制限をお願いしています。

　そして大切なことは、グループの中で一人ひとりができるだけ安心、安全な状態で誰も取り残されることなく、ワークに参加できるような環境作りです。リーダーの存在、能力の差の有無、年齢の差に配慮します。また、力関係がはっきりしている（支配被支配が存在している）場合は、同じ年齢であっても、子どもたちは一緒のグループに入れない状況です。しかし、すべてに考慮することは難しいとしても、最大限の配慮ができるようなグルーピングかどうかを確認していきます。一緒に考えていきます。

③プログラム内容（詳細は3節表12-1参照）
　そのグループの子どもたちに先生たちは何を伝えたいのか、伝えることができるのか、プログラム内容について先生たちと一緒に考えていきます。

④テーマ（例として）
　「若い母親のことを自慢する高校生女子に何を伝えるか」「性被害にあった中学生男子に何を伝えるか」「ネグレクト状態で、一人で生活を続けてきた小学校高学年男子に自分の命について何を伝えるか」など

⑤グループワーク会場
　子どもたちにとって、生活の場から少し離れたところで、子どもたちがこの場所だったら、何を話しても安全だと思える部屋を可能な範囲で用意してもらいます（茶室、ミーティングルーム、別棟の会議室など）。

⑥席の並べ方
　最後に一人ひとりの安心が保障できるような席順を職員さんに決めてもらいます。

（2）子どもワーク実践

　子どもたちの声にできるだけ耳を傾けるワークを目指します。子どもたちが知りたいことは、子どもたち自身が一番知っています。子どもたちを取り巻く世界がどのようなものか。子どもたちがどのような性文化の中で生きているかは、子どもたちが一番知っています。その中で、一方的に大人が伝えたいことを伝えても、子どもたちが求めている知識、子どもたちが住んでいる性文化の世界とかけ離れていては、ワークそのものが意味をもたないどころか、かえって悪影響を与える危険性があります。そのために子どもたちの話しを聴く。発する言葉だけではなくて、態度、反応、を敏感に感じ、そして、どのような小さな囁きも聞き漏らさないで拾うことに集中します。ワークはこちらが伝えたいこと４割。子どもたちの話し６割の心づもりで臨みます。そのため、同じようなプログラムであっても、参加する子どもたちによって毎回違うワークとなっていきます。ワークの際には以下のことに配慮します。

①ワークの前の約束事をしっかりと毎回行う

　ワークは一人ひとりにとって安全な場であることを保証するための約束をします。そして、ワークの内容は約束事やルールを伝えていくもの。そのためワーク中で行う約束について、守れていたら必ず褒める。そして守ってくれたことに感謝の意を伝える。そのことにより「自分たちにも約束事を守る力がある」ことを体感してもらいます。

②一人ひとりの意見を必ず拾う

　最初に何を話してもよいということを全員にしっかり伝えます。そのため、どんな呟きも丁寧に取り扱い、自由に意見は言ってもよい、という感覚を伝えます。

③どんな意見も肯定的に返す

どんなに的外れな意見だったとしても、言葉を発してくれたことに感謝の意を伝え、「あなたはそう思ったんだね」と必ず返します。それを繰り返す中で、自己肯定感を少しでも感じてほしいと思っています。

④言葉を発してくれたことに、その度に感謝の意を伝える
　自分の意見をなかなか言葉にすることが難しい子どもたちにとって、言葉を発することは勇気のいることです。その勇気を必ず称えましょう。

⑤力関係が生じない配慮を最大限する
　一人の子どもだけが話したり、嘲笑、からかいは厳禁です。常にみんなが対等に参加できる空気をつくります。

⑥言葉を発しないことも尊重していく
　「参加しない」ということもその子の意思であるためです。

⑦子どもたちの年齢に合わせて、集中力の持続に配慮。
　休憩時間のもち方についても配慮します。

⑧子どもたちの質問の意図を探る

⑨表面上の反応に右往左往しない覚悟をもつ

(3) 教材について
　教材は、今、目の前にいる子どもたちに伝えることを手助けしてくれるものとして準備します。そしてすべての教材について使用するかどうかは、打ち合せの中で職員たちと相談して決めます。個々の抱えている問題によって、あるときは有効な教材であっても、ある子どもにとっては、トラウマを再燃させる危険性があるため、毎回必ず教材使用については確認して

います。

①性器模型……ハートブレイク教材使用（ハートブレイクウェブサイト）

　性暴力による被害体験があり、「性器」を凶器のように思う子どもたちにも、自分のからだに向き合ってもらえるようにリアルでないものを使用します。

②プライベートゾーンの約束、自慰行為の約束、場所の約束など

　約束、マナーをパネルにして提示します（プライベートゾーンの場所の写真は施設で用意してもらう）。視覚化することで、ルールを明確に伝え、施設の中で共通言語として生活の中で使えるようにするためです。これらを伝えることは、社会の中での約束事でもあることを伝えます。これは自分の価値観や思いで左右されるものではないことを伝える道具として、パネルを使い説明します。

③関係性と距離……サークルズ（ベイン 2013）

　関係性と距離について子どもたちだけでなく、子どもたちをとりまくすべての大人たちへ自らの境界線への理解を促します。

④境界線（野坂・浅野 2017）

　境界線の種類については、それを守ること、侵入しないこと、必要な時には開くことができることなど、境界線を理解することが「自分の安心・安全」を守ることになり、さらに他者の「安心・安全」を守ることにもつながっていくことを伝えていきます。

⑤付き合う・性的同意・デート DV・性感染症・妊娠・避妊・出産

　付き合うとはどういうことか、性的同意の意味は何か、積極的同意のない行為は性暴力になること、性感染症、妊娠、避妊、出産などについては、

どのように考えたらよいのか、提示しながら子どもたちと一緒に考えていきます。

⑥性の多様性……性のグラデーション表

　「男らしさ」「女らしさ」を求められ、その中で自分の気持ちを封印して、しんどさを抱えて生きてきた子どもたちも決して少なくはありません。

　子どもたちのワークは安心な空間をつくることを第一にしています。そのために、生活環境に添った状態で（男女別で生活空間が分けられている施設が大多数）男女別でグルーピングをしていますが、その中に、自分の性に対して違和感をもったり、悩んだり、迷ったりしている子どもたちが必ずいます。「男らしさ」より「女らしさ」より一番大事なのは「自分らしさ」。ありのままの自分を受け入れてほしいという思いから、必ず、「どんな色」であってもいい、というメッセージを伝えています[10]。

(4) ワークの最後に

　「わたしは、ぼくは、たいせつないのち」の詩を必ず読んでいます。

　この詩の中に、私が性教育で伝えたいことが詰め込まれていると感じているため、職員研修の最後、こどもワークの最後には必ず読んでいます。

　「…略…わたしは・ぼくは　うまれたときから　いいものをたくさんもっているから　しっぱいしてもいいところはなくならない　おこられてもいいところはなくならない…略…だれでも　みんな　たいせつないのち

　わたしも・ぼくも　みんなもきらきらしている　たいせつな　いのち…略…」（手塚・中川 2001）（抜粋）

　自分のいのちを抱きしめて感じて生きてほしいという思いは、すべての子どもたちと、そして、子どもたちの側にいるすべての支援者に向けて伝えたいメッセージです。

表 12　年齢別性教育プログラム（児童養護施設版）（2020 足立）

年齢時間×回数 プログラム 就学前	プログラム
就学前 30 分× 2	**1 回目** ①自己紹介　わたしの好きな○○（食べ物、キャラクター、など） ②ワークの約束　「お話しする人はひとり」「話したくなったら手をあげる」 ③からだの名前　じぶんのからだの名前 ④じぶんだけの宝物　宝物の取り扱いについて ⑤プライベートゾーンの約束　じぶんのからだは全部宝物。プライベートゾーンはからだの中で 　　特に大切にしたい宝物 **2 回目** ①自己紹介　わたしの好きな○○（食べ物、キャラクター、など） ②ワークの約束　「お話しする人はひとり」「話したくなったら手をあげる」 ③前回の復習　プライベートゾーンの約束 ④きもちの話　きもちの名前、いいきもち、いやなきもちについて ⑤人との境界線　だれでもみんな透明な筒（境界線）につつまれている ⑥じぶんのからだときもちを守るために
小学生低学年 60 分× 2	**1 回目** ①自己紹介　わたしの好きな○○（食べ物、キャラクター、好きな遊びなど） ②ワークの約束　「お話しする人はひとり」「話したくなったら手をあげる」 ③自分のからだについて　からだの名前 ④プライベートゾーン　プライベートゾーンの約束　被害にあったほうは悪くない ⑤場所の約束　自分だけの場所とみんなの場所 **2 回目** ①自己紹介　わたしの好きな○○（食べ物、キャラクター、好きな遊びなど） ②ワークの約束　「お話しする人はひとり」「話したくなったら手をあげる」 ③前回の復習　プライベートゾーンの約束 ④気持ちの話　気持ちの名前　いい気持ちになるときイヤな気持ちになるとき ⑤境界線について　誰でもみんな境界線がある ⑥じぶんのからだときもちを守るために ⑦いのちについて　誕生日の話し
小学生高学年 60 分× 3	**1 回目** ①自己紹介　わたしの好きな○○（食べ物、キャラクター、好きな動物、好きな時間） ②ワークの約束　「ワーク中のことは外では話さない」「話す人はひとり」 ③プライベートゾーン　プライベートゾーンの約束とその意味 ④自分のからだについて　からだの名前と働きについて ⑤性器について　性器の名称と働きについて ⑥二次性徴について　からだの変化、気持ちの変化 ⑦月経のしくみ　射精（夢精、遺精、自慰行為）について、自慰行為の約束 **2 回目** ①自己紹介　わたしの好きな○○（食べ物、キャラクター、好きな動物、好きな時間） ②ワークの約束　「ワーク中のことは外では話さない」「話す人はひとり」 ③前回の復習　プライベートゾーンの約束、二次性徴について ④気持ちについて　気持ちの名前 ⑤怒りについて　イライラするのはどんなとき？、からだはどうなる？ ⑥境界線について　自分の境界線について ⑦自分の気持ちを大事にする　イライラとつきあうためにできることを考える ※マインドフルネスなど紹介（ウィリー 2018） **3 回目** ①自己紹介　わたしの好きな○○（食べ物、キャラクター、好きな動物、好きな時間） ②ワークの約束　「ワーク中のことは外では話さない」「話す人はひとり」 ③前回の復習　プライベートゾーンの約束、二次性徴について、気持ちについて ④人との距離　サークルズプログラム ⑤被害にあわないために加害をしないためにできること ⑥自分の気持ちに気づく→言葉にする→話す相手を見つける→話す ⑦性の多様性　自分らしさについて ⑧いのちの誕生　生命誕生について

中高生 90分×3	**1回目** ①自己紹介　わたしの好きな○○（食べ物、キャラクター、好きな色、好きな時間） ②ワークの約束　「ワーク中のことは外では話さない」「話す人はひとり」 ③人の成長段階について　赤ちゃん⇒こども⇒思春期⇒大人（身体、性、心、関係性の変化） ④プライベートゾーン　プライベートゾーンの約束とその意味 ⑤自分のからだについて　からだの名前と働きについて ⑥性器について　性器の名称と働き、月経のしくみ、射精（夢精、遺精、自慰行為）　自慰行為の約束 ⑦男の子へ……男の子の三大悩み（包茎、自慰行為、性器）について 　女の子へ……月経について（月経痛、月経時の過ごし方、月経カレンダーをつける意味について） **2回目** ①自己紹介　わたしの好きな○○（食べ物、キャラクター、好きな色、好きな時間） ②ワークの約束　「ワーク中のことは外では話さない」「話す人はひとり」 ③前回の復習　プライベートゾーンの約束、からだのしくみとそれぞれの約束 ④気持ちについて　気持ちの名前、気持ちにアクセスすること、「無」の感情について ⑤怒りについて　イライラするのはどんなとき？　その対処法 ⑥関係性と距離について　サークルズプログラム ⑦境界線について　自分のバウンダリーについて ⑧自分の気持ちを大事にする　イライラとつきあうためにできることを考える ※マインドフルネスなど紹介（ウィリー 2018） **3回目** ①自己紹介　わたしの好きな○○（食べ物、キャラクター、好きな色、好きな時間） ②ワークの約束　「ワーク中のことは外では話さない」「話す人はひとり」 ③前回の復習　プライベートゾーンの約束、からだのしくみとそれぞれの約束気持ちについて、境界線について ④人との出会いについて　つきあうこと、性行為について、性感染症、妊娠など ⑤暴力について　被害について、加害について ⑥性の多様性　LGBTについて、自分らしさを大切にすること ⑦いのちの誕生について　生命誕生について
卒園前 高校3年〜120分	①自己紹介　わたしの好きな○○（食べ物、キャラクター、好きな色、好きな時間） ②ワークの約束　「ワーク中のことは外では話さない」「話す人はひとり」 ③性器のしくみについて　性器の名称と働き、月経のしくみ、射精（夢精、遺精、自慰行為、性行為 ④男の子へ……男の子の三大悩み（包茎、自慰行為、性器）について 　女の子へ……月経について（月経痛、月経時の過ごし方、月経カレンダーをつける意味について） ⑤気持ちについて　気持ちのとりあつかい方　「無」の感情について ⑥関係性と距離について　サークルズプログラム ⑦境界線について　自分のバウンダリーについて ⑧人との出会い　デートDV、性感染症、避妊、妊娠、中絶、出産、真の同意について、相談先、法律 ⑨性の多様性　LGBTについて　自分らしさを大切にすること ⑩いのちの誕生について　生命誕生について

（2020.　足立泰代）

3 年齢別の性教育実践紹介例（児童養護施設版）

　表12-1は、打ち合せを元に作成した子どもたちに向けのプログラムの実践例です。回数、時間、内容もその時々の状況によって変えます。

4 子どもたちとの出会いを通して

　昨今、性教育ブームが起こっており、「包括的性教育」という概念が浸透しつつあります。特に2020年発行された『【改訂版】国際セクシュアリティ教育ガイダンス──科学的根拠に基づいたアプローチ』（ユネスコ編 浅井春夫・艮香織・田代美江子・福田和子・渡辺大輔訳、明石書店）では、「包括的」とはポジティブなセクシャリティ観と満足のいく性と生殖に関する健康を実現するための学習者の知識とスキル、態度の発達を意味している。」としており、「包括的セクシュアリティ教育は、生殖、リスク、疾病についての教育にとどまらない」と明記されている。それは、人権的アプローチに基づいており、ジェンダー平等を基盤にし、文化的関係と状況に適応させること、変化をもたらすこと、健康的な選択のためのライフスキルを発達させること、とされています。そして、学習者中心アプローチが用いられています。

　子どもたちは、性について、自分のからだについて本当のことを知りたいと思っています。このガイダンスを参考にしつつ、児童養護施設における性教育のあり方を模索していきたいと考えています。

　最後に、児童養護施設を巣立った卒園生から届いた力強いメッセージを紹介します。

　　「私は児童養護施設で育った生い立ちから、無意識に自分の存在価値を低く見積もり虚無感に囚われて生きてきました。そんな私が変わるきっかけになったのは、私を無条件に慕う我が子の存在でした。最初は子

どものために幸せにならないと、と思い、自分の内面と向き合う作業を始めましたが、その中で気付いたことは、生い立ちや辛い経験をしたことと自分の存在価値はイコールじゃないということ。自分の存在価値を決めるのは自分自身なんだということです。自分がありのままの自分を理解し、許容することで生きることはもっと楽になるし、まず自分が自分を大切に扱い愛することで、周りからも大切にされ愛される存在だったことに気付くことができるのです。私は女性として、女の子をもつ母親として、もっと女性が自分らしく生き生きと暮らせる社会を願っています」(R)

　　「自分は自分の力だけで今のようになれたわけではない。施設の中で、出会った職員や一緒に育ってきた仲間たちがいたから、今の自分になった。自分は施設で育ったことを誇りに思う」(T)

　これからも、子どもも、職員もみんな繋がって支え合って、社会の中で安全な状況で安心して一人ひとりが「自分を大切に扱うこと」ができるような、性教育のあり方をこれからも探りつづけていきたいと考えています。

［引用参考文献・ウェブサイト］
荒堀憲二（2015）「思春期女子の悩みとその対応」研修、日本家族計画協会「思春期保健セミナーⅡ」
浅井春夫ほか（2014）『あっ！そうなんだ！性と生』エイデル研究所
バーバラ・J・ベイン（2013）「CIRCLES Intimacy & Relationships」研修
藤岡淳子（2006）『性暴力の理解と治療教育』誠信書房
藤岡淳子（編著）（2019）『治療共同体実践ガイド──トラウマティックな共同体から快復の共同体へ』金剛出版
グループ・ウィズネス（編）（2004）『子どもの性的行動・きょうだい間の性虐待　親と教師のためのガイド』明石書店、pp.15-17
ハートブレイク　ウェブサイト：www.eonet.ne.jp/~heart-b/
日高庸晴（2017）『セクシャルマイノリティ』汐文社、pp.12-13

亀岡智美（2017）「子どものトラウマの理解とケア」研修、児童虐待対策スーパービジョン事業

花王ウェブサイト「からだのカレンダー」https://www.kao.co.jp/laurier/karada/calender/

キラ・ウィリー（著）大前泰彦（訳）（2018）『子どものためのマインドフルネス』創元社

北村邦夫（2019）「避妊指導の実際」研修、日本家族計画協会「思春期保健セミナーコースⅡ」北村邦夫（著）伊藤理佐（イラスト）（2013）『ティーンズ・ボディーブック（新装改訂版）』中央公論新社、pp.66-67、pp.112-113

北川恵・工藤晋平（編著）（2017）『アタッチメントに基づく評価と支援』誠信書房

クリストファー・C・ワグナー、カレン・S・インガーソル（著）藤岡淳子・野坂祐子（監訳）（2017）『グループにおける動機づけ面接』誠信書房

水主川純（2019）「若年妊娠の問題と対応」研修、日本家族計画協会「思春期保健セミナーコースⅡ」

もふもふネット（2018）「性加害行動変化のための治療教育に関する研修」「子どもの性行動に対する理解——自然で健全な性行動とは？」。Johnson. T. C（2010）"Understanding children' sexual behaviors.' What' natural and healthy.Institute on Violence,Abuse and Trauma.

森田ゆり（著）たくさんの子どもたち（イラスト）（2003）『気持ちの本』童話館

野坂祐子・浅野恭子（2017）『My Step——性被害を受けた子どもと支援者のための心理教育』誠信書房、pp.46-59

野坂祐子（2019）『トラウマインフォームドケア——"問題行動"を捉えなおす援助の視点』日本評論社

NPO法人トレス　アフターケア事業（2018年4月調）。

リサ・M・ナジャヴィッツ（著）松本俊彦・森田展彰（監訳）（2017）『PTSD・物質乱用治療マニュアル——「シーキングセーフティ」』金剛出版

斉藤環（2019）「学校現場での思春期」研修、日本家族計画協会「思春期保健セミナーコースⅡ」

シンシア・L・メイザー、K・E・デバイ（著）野坂祐子・浅野恭子（訳）（2015）『あなたに伝えたいこと——性的虐待・性被害からの回復のために』誠信書房

手塚千沙子（著）中田真理子（イラスト）（2001）『わたしは・ぼくはたいせつないのち——こどもとおとなのワーク』れんが書房新社

UNESCO（編）浅井春夫ほか（訳）（2020）『国際セクシャリティ教育ガイダンス——科学的根拠に基づいたアプローチ』明石書店

八木修司・岡本正子（編著）（2015）『性的虐待を受けたこども・性的問題行動を示すこどもへの支援』明石書店

「性的問題」は児童養護施設だけで
考えるべき問題か？
——人権教育としての「性教育」のあり方

小木曽 宏

1　日本における「性教育」の歴史的変遷

(1) 日本の学校教育における「性教育」の後退

　われわれ、性教育研究会のメンバーを中心に、本書を執筆する過程で気づいたことがいくつかあります。第一に、「性的問題」は児童養護施設だけの「問題」ではないということです。そして、児童養護施設だけで「問題」解決ができないことも事実としてあると思いました。

　そして、先進諸外国と比べ、まだまだ、性に関する認識が「閉ざされて」いるようにも感じます。そこで、終章としては社会的養護施設に限らず、日本の子どもたちの置かれている状況から考えて行きたいと思います。なぜならば、日本において「性」に関する認識自体が変わって行かなければ、社会的養護の領域だけの「改革」はないと感じるからです。

　現代の若者の中には「草食化」と言われる恋愛や性行動に積極的になれない「若者層」が存在していると言われています。しかし、一方で性行動の低年齢化（経験年数の低下）[1] も進行していて、比較的早い年齢で性体験をすると全く縁のない者とに分極化しているように感じます。さらに、この傾向の背景には、対人関係的スキルの未発達や自己肯定感や有用感の低

さに起因した、自己や他者の性に対する否定的な感情など、さまざまな要因が考えられます。

　正にこの指摘は児童養護施設で起きている性的問題とも共通するのではないでしょうか。

　しかし、日本の「性教育」の歴史は、「迷走の歴史」でもあると思います。「1952年に文部科学省初等中等教育局は「性教育の基本は、生徒に性に関する知識を与えるよりは（中略）興味深い経験（スポーツ、広はんなレクリエーション活動等）を与えるようにする」[2]というような指針が出された時代がありました。さらに中学校、高等学校の保健学習内容の変更が行われ、「成熟期への到達」単元が消滅したことにより、性教育が「消極化」していったと言われています。

(2)「性科学」に基づいた「性教育実践」の功績

　上記のような状況に大きな変革をもたらしたのが、1972年の財団法人「日本性教育協会」の設立です。「性科学（セクシオロジー）を前提にした性教育研究の推進を図るとともに地方教育行政の作成する手引きや学校現場でも、それまでの『純潔教育』から『性教育』という呼称に変更される」までの影響を与えました。さらに、私たちの研究会において、設立当初、大変なご尽力を頂いた「アーニ出版」の北沢杏子たちにより"人間と性"教育研究協議会（1982年設立）が設立されました。序章でも記述しましたが、1970年代の「ウーマンリブ運動」とも呼応して、「科学的」であり、「人権擁護」に基づく「性教育」のあり方の礎がこの時代に始まったともいえるでしょう。

(3)「七生養護学校」裁判が残したもの

　「七生養護学校性教育事件」とは、2003年7月2日、定例都議会においてある議員から「最近の性教育は、口に出す、文字に書くことがはばかれる（中略）内容が先鋭化し、世間の常識とかけ離れている」「ある養護学

校ではからだの歌に性器の名称を入れて子どもたちに歌わせている」と指摘。当時の石原都知事もこの発言に同調しました。

　同年7月4日、七生養護学校に突然、都議・教育委員会が視察。当時同行した新聞記者が教材の写真を撮り、一方的な批判を行った後、教材、授業記録に至るまで押収されたという事件です。翌日、『過激性教育　都議ら視察──「あまりに非常識」口々に避難』という記事が掲載されました。そして、校長以下、教員に停職や降任と言った処分が行われました。さらに、「性教育」の時間削減。指導内容に関しても制限がかけられることになりました。

　その後、当事者の教員たちが、「人権救済申し立て」裁判を起こしました。この裁判は「最高裁」にまで持ち込まれることになりましたが、最高裁が「上告を受理せず、高裁判決が確定し、原告（都議ら教育委員会）に賠償を命ずる」ことで結審しました。裁判には勝利しましたが、その後の学校現場における「性教育」に大きな影響を与えました。

　2018年3月5日、学校教育において、再び「性教育」不要論が浮上し、議論が再燃し始めました。正に、「七生養護学校事件」を思い起こす事件でした。それに対して、健康社会学者の河合が、「日本では授業で『性』を取り上げることを問題視するなど、世界の流れとは真逆にむかっています」[3]と指摘されています。その議論のきっかけは、ある中学校で行った「保健体育」の授業でした。内容としては、「性の特徴」「避妊の方法」「人工中絶」「避妊具の種類」などでした。学校側としては生徒に事前アンケートを行い「性に関する知識が乏しい」ということが分かり「生徒に『性の安全』を保障するため、人権教育の一環として行った」[4]と説明しています。それに対して、ある都議会議員が「生徒の発達段階を無視した指導で不適切」と批判しました。結果として、東京都教育委員会が区の教育委員会に対して指導を行うという事態にまで発展しました。

　根拠は文科省の「学習指導要綱」に「受精、妊娠を取り扱い、妊娠の経過は取り扱わない」とあることで、「保護者の理解を得る」ことを逸脱し

ていると判断したそうです。

　そこで、あらためて「七生養護学校事件」の背景を考えてみたいと思います。七生養護学校は、隣接する七生福祉園から通ってくる子どもたちが多くいたそうです。この点は児童養護施設の状況とも共通するのですが、入所している児童は、施設を転々としたり、家庭できちんと養育されて来ない子どもたち、さらに親から虐待を受けて来た子どもも多くいます。当時、施設と学校で、小学生から高校生まで、さまざまな「性的問題」が発生していたそうです。そして、保健室が「こころとからだの学習センター」となって行く経過がありました。知的に理解が難しい子どもたちに対して、教員は正に子どもたちの「発達段階に配慮して」「性教育プログラム」を作り上げて行った歴史があるのです。

　私も児童養護施設の施設長を経験して思うことがあります。在任中は子どもの「性的問題」だけに限らず、「施設内暴力問題」もありました。「性的問題」に関しては、幼児の「性器いじり」から始まり、「同性間性的問題」、さらには、中高生の「妊娠」まで起きました。

　七生養護学校裁判の元原告だったＮさんは、当時を振り返って、「児童・生徒にとって必要な性教育を、より分かりやすく、具体的に、試行錯誤を経て実践してきたことは、誤りはなかったです」「まず自分の身体や人（他人）の身体が成長と共にどう変化していくか、心はどう変化していくのか教員が児童・生徒に知らせていくことが重要です。そして、自他の心と身体を大切にしていけるように自己肯定感を育てながら性に対する学習を進めていきましょう。子どもたちが性被害の当事者にならないように、やらないで済ますのではなく、正しい知識を必要な年代の子どもたちに教えるために小さな一歩を一緒に踏み出しましょう（下線筆者）」[5]と語っています。この思いは児童養護施設職員の子どもたちに対しても同じです。私たちが、毎年、「性教育研究会学術大会」を開催してきたこと、さらに、研究会メンバーが、講師として全国で「児童福祉施設の性的問題対応」の研修を行ってきたことと相通じるものがあります。

そして、少しずつですが、全国の児童養護施設等に「性教育委員会」が
でき始め、そのサポートも私たち研究会で行ってきています。今や「施設
内における性的問題」は〈マイナーな問題〉でも〈タブー視する〉ことで
もないという立場で続けてきた活動が広がってきたと実感できます。正直、
やっと「厚労省が全国調査に乗り出した」と思うと同時に、「今頃？」と
いう思いも一方であります。そして、社会的養護施設自体が、マスコミ
報道に対しても、社会的、道義的責任においても、「施設内性的問題」対
策を明確にするべきではないでしょうか。さらに現場から具体的な改善
策を示していく責任もあると思います。つまり、全国調査が行われた結
果、「児童養護施設は子どもの安全を守る場所にもかかわらず、こんなに
『性的問題』が起きていたのか」「今まで、施設は何もしてこなかったの
か。児童福祉行政は何をしていたのか」という批判が起きることです。当
然、われわれは、それを甘んじて受けなければならないと思います。しか
し、現状調査の後、その結果を分析も如何なる対策も講じないこと自体が
一番「問題」ではないかと思います。さらに、起きている現実を、一職員、
一施設だけの責任とし、何とかしていこうとしても、解決できないという
ことは明らかです。

2　社会的養護の文化を変えて行くために
——人権教育としての「性教育」

　すぐにできる対策・実践と何年かかっても地道に取り組んでいかなけれ
ばならない施設自体の「文化」を変える取り組みが必要だと思います。
　もう一つ、「文化」という視点からすると、学校教育における「性教育
問題」があります。河合がこのように問題提起しています。「『人権教育と
しての性の安全』と『保健の授業としての妊娠と出産』いったいどっちが
子どものためになり、子どもが幸せになるために必要なのか？」と[6]。ど
ちらも必要ですが、「人権教育」の視点から「性の問題」を捉えていくこ

とも必要だと思います。近年、「性情報の氾濫」はまさに「ネット社会の象徴」のように、数多乱立しています。施設の子どもに限らず、日本中の子どもたち自身もこの「性情報」に無防備に晒されています。さらに、前述した「事件」を皮肉るかのように岩室は「インターネットの課題を論じている多くの大人たちは、実はほとんどインターネットのアダルトサイトに足を踏み入れていません」[7]と指摘しています。当然、中学生の年齢になれば、「性的関心」は高まりますし、まさに「正常な発達段階」にある子どもたちに、間違った情報ではなく「きちんとした性情報を与えること」が、今、必要なのではないでしょうか。河合はこう続けます。「人を愛するとはどういうことか？　愛する人を大切にするとはどういうことか？　人はなぜ、人を愛し、愛されたいのか？　命とは何か？　命はどのように誕生し、育まれるのか？　という内容を先生も一緒に考え、議論し、性の問題を『人間のテーマ』であり、『人間をトータルに考える教育』と捉えれば良いと思う」[8]と。さらに花岡は「長年『10代の性』と関わってこられた産婦人科医の河野美代子氏は『性教育はすべての子ども達に受ける権利がある！　人間は知ることで行動が慎重になる』とおっしゃっています」と紹介しています[9]。正に、私たちが、本書で「性教育」だけを子どもたちに教えるのではなく、暮らしの中で伝えていく「生教育」の必要性に通じると思います。そして、施設の職員も一緒に子どもたちと「性と生」についてたくさん話し、議論できることこそが大事なことだと思います。

　本書は確かに児童福祉施設職員に向けた「ガイドブック」ではあります。そして、「施設内性的問題」にすぐにでも実践できる内容も網羅したつもりです。しかし、河合が問う「『人権教育』としての性教育」に取り組んで行かなければ、施設だけでなく、今起きている日本中の子どもたちの「性的問題」は増え続けることはあっても、減少していくことはないでしょう。つまり、大きく言えば、今の日本における「性に関する新たな文化」の創造ではないでしょうか。

3 これからの児童福祉施設における性教育のあり方
──子どもに問い返すことの大切さ

　性教育を学校教育だけに任せておけば良い訳ではありません。『現代性教育研究ジャーナル』に齋藤益子の「わが国の性教育の現状と課題」という論文が掲載されていました。その一番目に「性教育は家庭教育の一環でもあり、毎日関わる親や保護者が子どもの性的発達段階に応じて適切に支援する。そのためには親への支援が大切である。そのためには親への支援が大切である」[10] と書かれています。これを、児童福祉施設に置き換えてみましょう。「性教育は家庭教育の一環」と位置づけられています。しかし、施設に来る子どもたちは、性教育だけではなく基本的な生活習慣すら身につけることができなかった子どもたちばかりです。さらに、親から性的被害を受けた子どもたちもいるのです。したがって、施設が「家庭教育」に代わる居場所とならなければなりません。さらに施設職員が親に代わって「子どもの発達段階に応じて適切に支援する」役割が求められるのです。しかし、高校生を対象とした全国調査結果からも「性感染症に関する知識の正答率は半数程度お相対的には高いが、避妊に関する知識をはじめ全体として低下している。とくに異性の生殖機能に関する理解が欠けている」[11] という結果が出されています。実際には施設職員に「そのようなことまで求められても……」というのが本音かもしれません。しかし、そこから逃げていては、問題は一向に変わらないことも事実です。逆に、大人たちも子どもたちと語り合うことで、自分自身の「性」について問い返して行くことも必要ではないでしょうか。「性は他人から強制されるものではない」「他人に強制するものでもない」のです。本来、「自由であるべきもの」なのだとも言えます。

　1999 年 8 月 26 日に香港で開催された第 14 回世界性科学学会総会において『性の権利宣言』[12] が採択されました。性に関する基本的かつ普遍的な権利として掲げられた 11 項目からなる宣言です。その中に、「生命、自

由、および身体の安全を守る権利」として「人は誰も、生命、自由、および安全についての権利を有し、セクシュアリティに関連する事由によってほしいままに脅かされたり、制限を受けたり、取り上げられるようなことがあってはならない。これには、性的指向、合意に基づく性的な行動や実践、ジェンダー・アイデンティティやジェンダー表現、性と生殖に関する健康に関するサービスへのアクセスや提供が含まれる」と記されています。さらに、「あらゆる暴力や強制・強要から自由でいる権利」という項目では「人は誰も、セクシュアリティに関連した暴力や強制・強要を受けるようなことがあってはならない」としています。

　本書で主張したいことは、この「権利宣言」にも通じるものだと思います。子どもたちに対して、性を使った「暴力」「支配」そして、その結果として生じる「被害」「加害」関係をいかに防ぎ減らして行くか。これに尽きると思います。さらに、社会的養護の領域に留まらず、今まで、社会全体でも「性に関すること」は「公（おおやけ）にできにくい問題だった」こともたくさんあると思います。これについても、性に関する『教育』『予防』『対応』に関して、一貫して、今後、積極的に取り組んで行かなければならない喫緊の課題だと考えます。

［注］
1　2000年代生まれ（10代前半）における性行動の経験率が高まっている。日本性教育協会編（2019）『「若者の性」白書』p.44
2　橋本・池谷・田代編（2018）『教科書にみる世界の性教育』かもがわ出版、pp.151-152
3　河合薫（2018）メルマガ「デキる男は尻がイイ──河合薫の『社会の窓』」p.6
4　同上
5　七生養護「ここから」裁判刊行委員会編（2014）『かがやけ性教育！──最高裁も認めた「こころとからだの学習」』つなん出版、p.49
6　河合薫（2018）メルマガ「デキる男は尻がイイ──河合薫の『社会の窓』」p.6
7　岩室伸也（2012）「男の子のこころに性のモヤモヤを花開かせよう」松本俊彦編『中高生のためのメンタル系サバイバルガイド』日本評論社、pp.22-23
8　河合薫（2018）メルマガ「デキる男は尻がイイ──河合薫の『社会の窓』」p.6

9　花岡みどり（2008）「性教育はなぜ必要なの」上田基編著『命のたいせつさを学ぶ性教育』ミネルヴァ書房、p.3

10　齋藤益子（2018）「わが国の性教育の現状と課題」『現代性教育研究ジャーナル』no.87、p.8

11　日本性教育協会編（2019）『「若者の性」白書――第8回青少年の性行動全国調査報告』小学館、p.102

12　『性の権利宣言』（World Association For Sexual Health）は、人間の性（セクシュアリティ）の分野に関する学会組織、NGOs（非政府組織）、専門家などによって構成された学際的学会「性の健康世界学会（WAS）が採択したもの。2014年3月改定。

性被害を受けた子どもに関わる
児童精神科医の役割
——小西聖子医師に聞く

聞き手：杉浦ひとみ

小西聖子（こにし・たかこ）

　東京大学教育学部教育心理学科卒、筑波大学医学部専門学群卒、同大学院博士課程終了。医学博士。東京都審理判定員。東京医科歯科大学難治疾患研究所犯罪被害者相談室長を経て、現在、武蔵野大学教授。

　主として強姦被害など女性への暴力とその後遺症について研究。日本犯罪学会奨励賞、エイボン女性年度賞、『ココロ医者、ホンを診る——本のカルテ 10 年分から』で第 8 回毎日書評賞受賞。

　2004 年より内閣府男女共同参画会議「女性に対する暴力に関する専門調査会」専門委員、2005 年より内閣府犯罪被害者等施策推進会議委員。

　子どもたちによく見られる虐待（性虐待）の精神的な被害について、それがどのようなものなのか、職員ら周囲の者はどのような知識をもつべきか、どのように対応すべきかについて、小西聖子医師に教えていただきました。

> 　性被害や虐待による心の傷とかトラウマ、ということを聞きますが、「心の傷」とか「トラウマ」というのはどのような意味ですか？どう使えばいい言葉ですか？

　例えば虐待のような、自分では対処できないような体験により心理的な衝撃を受けること、それが心の傷です。

トラウマとはギリシャ語、ラテン語の「傷」という意味です。心理的に衝撃的な体験を「トラウマ体験」といいます。そしてその後に何か不具合が起きてくるというその状態を「トラウマ反応」といいます。

　体験と反応の２つです。トラウマ反応はまずは正常な反応なのですが長く続き、生活を阻害する場合には症状だと考えます。症状がそろうと PTSD（心的外傷後ストレス障害）などの診断がつく状態になることもあります。これは治療が必要です。

　トラウマ体験によって生じるトラウマ反応の中には、その後ずっと何年も心身の具合の悪さをもたらすものもあります。

　虐待の中でも暴力による場合と性虐待による場合とで、当事者の子どもや社会に与える影響が違うと思います。性被害が「魂の殺人」と言われていますが、性被害はなぜ特殊性があるのでしょうか。

　まず、性的な被害は暴力だけの被害に比べて例えば PTSD を起こしやすいということはわかっています。原因は一つではないでしょうが、そういう性的被害体験そのものがとても隠されやすいものであること。被害者が恥とか自責の念を感じやすく、孤立しやすいということが影響していると思います。暴力だけに限らず、災害などでもそうですが、トラウマ反応が起きた時の回復をサポートする要素としては、一人で抱え込むのではなく、誰かにわかってもらうことが重要です。ところが、性被害の場合は、話した時にさらに被害、つまり二次被害に遭ってしまうことがあります。二次被害とは、相手がわかってくれなかったり、むしろ回復のために害になる言動を取ったりすることです。性的な被害はその性質だけでも、人を孤立させやすいし、さらに二次被害が起

きやすい。二次被害がさらに被害者を孤立させ、傷を深める要因となると言えるでしょう。これらの結果、大人の被害も含めて共通なのですが、性的な被害については回復がしにくいし遷延しやすいと言えると思います。

　それとあわせて表に出にくいということは、ケアも入りにくいし、そのままで放置されやすいということもあります。

子どもの場合、「性的」被害という特殊性をわからずにいることもあるのではないですか。

　ほとんどの子どもは言ってはいけないこと、恥ずかしいことだと何となく感じています。もちろん、そのことがどういう意味をもつかということをはっきりわかってない子が沢山いることは確かです。とくに、年齢の低い子だとその時だけ相手が優しくなるから、相手が優しくしてくれる場としてむしろ自分も進んで応じてしまうというようなこともあります。

　このように、性被害が外から見えにくく、本人にも見えにくいということが、さらに具合の悪さを長引かせやすいというところがあります。

性的虐待を受けた人の治療はどのような難しさがあるのでしょうか？

　小学生とか中学生くらいの時期に性的虐待に遭った人に、もっと後になってインタビューしてみると、自分が悪かったからだと本気で思い込んでいることが非常に多くあります。

　身体的虐待の場合には、暴行の被害そのものは少なくとも受けたくないことだということが小さい子でもはっきりわかる。殴

られるのは嫌だとそこまではわかる。しかし性的虐待の場合には、その行為自体が、優しい親や、親との秘密というところと結びついてしまうために「自分も嫌がっていなかった」といった自責感につながることもあります。

性的虐待を受けた人に臨床で出会うとき、「これは被害であって、私のせいではないんだ」ということに被害者本人の理解が至るのに、ものすごく時間がかかることが多いのです。身体的虐待の場合でもしつけで殴られて自分が悪いと思う人も多いのですが、それよりも時間はかかると思います。

性的加害被害の背景ということについてですが、子どもたちのこれまでの性被害の体験が原因となって、子どもたちの共同生活の中で性加害・被害が繰り返されるように感じられます。例えば、性被害を受けた子が、今度は力の誇示として小さい子たちに性加害をする、あるいは性被害を受けた子が性化行動と性加害を誘ってしまうということがあるように思います。これらは一般に考えられる性犯罪、性的な興奮、欲求といったものとは別の原因で起きているように見えると現場の職員は感じています。こういったメカニズムは精神医学的に説明がつくのでしょうか。

親から虐待されてきた子どもは、強い者からコントロールされて自分の意見や感情というものを全く大事にされない世界で無力感をもち、その中でずっと生きてきています。

この無力感に関して、人間が自分の力を取り戻したいというのは当然のことです。サポートなしでいると、取り戻しの一つのやり方として、自分は今度パワーをもって自分より弱いものに対して支配をするというかたちをとったり、力を誇示することによって無力感を打ち消そうとすることはよく起こります。またとく

に子どもの場合は、親がやっていた対人関係しかモデルがないということもあります。そういうかたちでの対人関係をもつということは、自分より弱いものに関しては虐待的になりやすいということが容易に想像できます。言い換えれば対人関係で力に敏感で、被害的加害的になりやすいということになります。

また性的な被害を受けている場合、性的な行動に関して症状が出ることがよくあります。性的な行動が抑制されてしまうこともありますが、それ以上によく起こるのが、過剰に性的になることです。

子どもが他の子に対して性的加害をする時には、その子の性被害によるトラウマ体験を考えた方がいいでしょう。

逆に、男性からの被害の場合、男性のそばに寄ることが嫌で女の子のそばにしかいない、男性の先生たちに対して非常に警戒的な行動をとるような時にも、当然今もまだ性被害によるトラウマ反応が続いているのではないかと考える必要があると思います。

他者への性加害は自分を回復させるための、自然な行動、人間の本性的なものということですか。

いえ、トラウマが癒えないための行動です。加害行為をしたからと言って回復にはつながりません。むしろ無力感は埋まらず、さらに傷つく可能性が高い。でも放っておいたらこういうことがよく起きるという点で「自然」なのです。

「自分の考えなど全く価値がないし取り入れてもらえない」「自分のやることも人生も価値がない」そんな無力感の中にいて、安定して生活したり対人関係をもつことはできません。

回復のためには、トラウマに向き合い自分が悪くないこと、自分には価値があることを確認する作業が必要です。しかし、多く

の被害者にとってそれは怖いことなので、自分に何が起きたかは棚に上げたまま、無力感だけを埋めようとします。

それは2つの方向に現れます。1つの方向がパワーの誇示に走るということです。弱者への暴力、身体的、社会的なパワーを得ることに走る方向です。性加害もこの1つとも言えます。もう一方には無力感をそのまま抱えて、自傷行為とか売春をするなど、わざわざ自分を駄目な方向にもって行き、自分の価値下げをするということをよく見ます。広い意味での自傷行為が様々に起こるということです。前者は比較的男性に多いと思いますし、後者は女性に多いように思います。どちらも無力さを穴埋めしたいという気持ちなのですが、いずれもいい方向に行かないということです。

被害者による加害と、再被害は反対のことのように見えますが、一つの問題の表と裏に過ぎないと言えます。

「私なんか汚れちゃって雑巾みたいなものだから、そういうところに落ち込むのがふさわしい」と言う人がいる一方、「お金をとって男とセックスをすることで、自分が無力に被害を受けていたことへの復讐をする」と言う人もいます。「自分が主導権を取ってセックスをすると被害が埋まるような気がする」と言った人もいます。

これらは、根底に自己評価の問題やトラウマを回復したいという思いがあり、そのあがきとしての表れなんだと思いますけれども、実際には本人が傷つきを繰り返すことになる行動です。

　　性虐待の中でも、とくに、若い人に起こりやすい現象がありますか。

とくに性的なトラウマ体験がある場合で、20歳ぐらいまでの人の場合には、今述べたような性化行動が起こりやすいです。

そもそも思春期は安全に育っていても不安定な時期ですよね。性的にならなくても、「問題行動」が起こりやすい時期だと言えます。悩みは、言葉になるより、行動として出てくる時期なのです。非行、摂食障害、自傷行為‥、外から切り取ればそういう表現になるような行動が起きます。性的な問題行動も大変よく見られます。

　感情は不安定で、アイデンティティは定まらない。そういう時期までに性的に被害があると、この時期は非常に苦しい時期になります。性的虐待を受けた人は、より感情が不安定で、より自己評価も不安定です。

　思春期にはわざわざ危ないことをしたりします。自己評価の低い人は例えば、「ここは被害に遭うかもしれないから危ないのでやめておこう」という身を守る判断がうまくできません。身を守るためには、「身を守るだけの価値のある自分」という自己評価が必要ですし、自分の意志も必要です。その評価があまりにも低いときには、例えば、「誰かに脅されてセックスされるとしても私にはそれがふさわしい」と自分を蔑む気持ちになってしまう人が多いのです。

　つまり、自己評価が低い時は、自分を守れないということです。

　　自分のその状況を弁護するために「これは復讐だ」と、虚勢を張るような心理もあるのでしょうか。

　性的虐待を受けて苦しんでいる人が、おとしめられた自分のことが嫌で、その苦しみから逃れたいと思うのは当然のことです。その時に普通、思いつくことというのは、トラウマのことを考えるのを避けて、薬をやって忘れることだったり、理想に思える恋愛に走ることだったり、売春などしたりして相手に復讐すること

だったり……ということです。

　自分のことに強く関心をもってくれる人と付き合ったつもりだったのに、そうではなかった、支配的な相手にさらに被害を受けてしまったというようなケースはよく耳にします。そうなると理想的な人を求めて何人も何人も相手を変えるということにもなります。風俗の仕事をしていて、ちょっとヤクザっぽい人と同居して、DVもあるというような若い人に聞くと、トラウマ体験をもっていることは多いです。

　このようなことが起きた時に子どもが強がるということはよくあります。自分の弱さを認めても大丈夫と思えない場合、人は自分の弱さを認めません。無力感の裏返しだからです。認めたら終わりだと思っていることもあります。さらに内面を見ない傾向、考えずに回避する傾向が輪をかけると思います。

> トラウマ反応を示しながらも、なお性被害に遭っている人は、どのようにしてその状況から抜け出ることができますか。

　その状況（パワーを誇示することや性化行動を取ることなど）も、一つの自己治癒の試みです。しかし、そこで一番抜けているのが自分のトラウマについてしっかり向き合い考え直すことです。しっかり向き合って考えるのは苦痛なことだから、そういう行動に逃げるわけです。その悪循環を断ち切るためには「向き合って考えても大丈夫だよ」と誰かが受け止めてくれて、本人が「よく考えてみるとこれ酷い話だな」「これ私のせいじゃないな」「虐待した人が悪いんだな」と思えるようになること。そうでないと悪循環から抜け出すことができません。一人でそう考えるのはなかなか難しいことですが、それでも考えるようになる人はいるし、周りから繰り返し話を聞くとだんだんわかるようになってきます。

情報が大事です。

　それは非常に苦痛です。ちょっと考えるだけで、自責感が襲ってくるだけじゃなく、フラッシュバックやパニックが起きてしまうこともあります。あまり苦しいから大概みんななかったことにしたいと思います。思春期ぐらいの子だと本当に回避傾向が強いです。実際に忘れてしまう人もいますし、困って治療に来ていて、来るだけの動機づけ、つまり、自分には治療が必要だと思う気持ちはあるのに、事件の話になると「それは何でもないです」みたいに虐待の話を避けてしまう人も結構多いです。30歳以上の年齢になり治療に来る人は、虐待の被害者でも、「もうこれではどうしようもない」と自覚して来る人が多いので、問題に向き合うことができており、そのまま治療に入れる場合もありますが、10代ぐらいで診察に来る人は、ただただ悪循環の行動をして苦しんでいるという段階の人が大方です。

　たとえば、自傷行動があり、抑うつ状態にもなっているので周りの人に連れて来られ、話を聞くと、どう考えてもこれは性的な虐待が原因でしょう、と治療者が思えるようなケースでも、本人の中では現状の不調と性被害の間に関係があるという理解がない。例えば「男の人を見ると頭が痛くなります」と言う。それは性被害の影響だと周りは思うのですが、当の本人だけは因果をつなげられない、あるいは無意識のうちにつながってないようにしてしまう。そういう人は非常にたくさんいます。

　思春期の性的虐待の被害者に会うと案外ケロッとしている感じの人も多いです。性的虐待は重い被害ですので、その影響がないということはあり得ません。被害のことを全く考えていないとい

うのは、これは「回避」という症状が出ているということです。さらに、虐待のことについては嫌だから話さない。しかし、本人にその原因について向き合ってもらえないと根本的なところから治療ができないので、治療を始めるまでの前提づくりに、多くの力を費やさなければなりません。

回復するには、やっぱり本人に理解が必要でしょうか？

被害者の心理として、「なかったことにして終わりたい」という人が多いです。それはわかります。でも、今のところ、治るためには向き合うことが必要です。そういう薬が見つかって、飲めばトラウマ記憶は消え、自己評価は回復するというようなものがあれば最高ですが、そういう薬は今のところありません。

残念ながら性的虐待はあったことだし、忘れられないし、自分に深い影響を与え続けていることなんです。ですから、周りの対応としても「なかったことにしよう」として終わりにすることでは全解決にならないことを知ってください。「そっとしておくのがいい」という判断は、本人のためにならないということです。

施設生活の中で、そのような症状を見落とすことのないようにするにはどうしたらいいですか。

施設の職員さんや学校の先生が、「いやあの子は大丈夫なんだよ」ということで終わってることがよくあります。

ケロッとしてるというのは非常に問題なことなのです。過去にレイプの被害とか虐待の被害があって、今、具合が悪かったら当然そのことを考えていいはずです。表面はケロっとしていても、頭痛とか腹痛とか「うつ」の身体症状があるとか、自傷行為があ

るなど、症状が出ているときには、周りの大人はその子どもの過去のことを考える必要があります。

施設での生活の中で直面する性の問題についてですが、施設の中での生活では、衣類の洗濯、入浴、生理や夢精など、性に関わる事柄が非常に多くあります。職員はどういうことに注意したらいいでしょうか。

　子どもによってずいぶん違います。例えば回避する症状があったとしても、その広がりは、被害の記憶によって、生活の状況によってそれぞれ違います。下着が苦手な人もいれば、生理が苦手な人もいるでしょう。苦手なことがあっても苦手とは言わずに、後で自傷行為が起きる人も。ですから、職員さんには、まず、その子に被害のことや困っていることを聞いてもらいたいです。普通でも性に関することは扱いにくい。思春期というだけでも扱いにくい。その上ということになりますから、難しいこととは思いますが。

ある子どもが性に関する問題を抱えているとき、生活の中でその兆候が現れたりしますか。

　よく見られる兆候として、排泄とか生理の処理がすごく難しい子がいます。性器に触ったり洗ったりしなければいけないのに、触ることがすごく嫌だという子がいます。私が出会った人で一番大変だったのは、トイレを使うときにドアを開けっ放しにしなければできない、という人がいて、本人も非常に困っていました。
　男の子で、夢精したときに非常に罪悪感をもつという子もいて、その場合には「そんなことないんだよ」ということをきちんと教

えて支えてあげないといけません。

　性に関してはあまり口に出さないことが多いですが、とくに虐待を受けたことの自責感は、性的な行動の罪悪感と一緒になっていることが多いので、一層、隠れたままになっていることがあります。性（性被害）の問題がない子でさえ性器に関わることについては、嫌悪などの意識をもっていることも多いですが、被害体験のある子が、生活の中で広く性に関わることがらで問題行動があるときには、十分注意する必要があります。

性被害の程度によって、被害児の対応に違いがありますか？

　性被害がある人といっても、どのくらい性加害者と関わった（時間、頻度）のかによって違いがあります。例えば長い間、繰り返し被害に遭っていた場合、感情が麻痺してしまっていることが多いので、かえってケロッとしているように見えることが多いです。また、施設で生活をしている場合には、一緒に服を洗濯するのが嫌だという人もいるけど、そういうことを意識的に思っていたら、施設の中で生活できないから、環境に適応する必要性から「回避」して忘れて、感情を麻痺させるというもあるのだと思います。

　本来、性的な被害があった時には、すぐにアセスメント（聴取など調査をして起こった事実・本人の様子を見立てること）をしてそのトラウマ反応を扱っていくのが一番よいのですが、そういうことはほとんどなされていません。

　中には排泄の問題とかお風呂に入る問題、鏡で自分を見るのが嫌だという人がいますけれども、そういう性的な問題があっても、外からは「問題行動」（トイレやお風呂を使うときにわがままを言って一悶着起こす子ども、といった捉え方で終わってしまう）としてしか捉えられません。例えば、風呂に入るときに不安定にな

る、あるいはトイレが長いとか言う場合、よく聞いてみるといろんな問題を抱えています。子どもの方も抑え込んでしまっていることが多いのかなと思います。

　職員は、「この子、妙にトイレが長い」とか「風呂に入るといつもすったもんだがある」ということがあって、虐待の既往があるのだったら、それは「症状ではないか」と思ってもらうことが必要です。多くの場合トラウマの反応というのが問題行動としてしか捉えられないことが多いのではと思います。

　性被害、加害が起きたときに、そこに問題行動の類型というようなものがあることを、知っておく必要があります。問題行動が本人のもっているトラウマからきていて、自責感と無力感の穴埋めみたいなものからきているということがわかれば、また全然違う態度で接することができます。そうでないと、自分もひどいことを行ってきたけれども、そこでまた大人に罰されて無力感がさらに大きくなってしまうということもありえます。

　問題行動がトラウマからきていることを理解することはとても大事です。積極的に治療することは施設の役目ではないですが、そういう問題が起こりうることや、問題が根深いことと、少なくとも虐待を受けた子で、その影響を受けていない子どももいないということは知っておくべきだと思います。

　児童養護施設で職員や子どもたち（小さい年齢〜思春期）に性教育を行っている施設もありますが、配慮したほうがいいことはありますか？

　「性」は究極のプライベートです。人のプライベートゾーンに勝手に触ったりすることはよくないということは心理教育の最初のことなので教えたほうがいいでしょう。

しかし、すでに PTSD になっている子どもの場合には、こういう話を聞くこともできないことがあると思います。子どもによって指導に対する反応が違い、すぐに理解できる場合もあるし、すごく抵抗を感じる子もいます。そして場合によっては「悪用」することもあります。そこを触ってはいけないと言われたから触ってやろうというような悪用。そのため、個別の対応というのが重要で、指導したことについての子どもからの反応を聞き取ってほしいと思います。個別の反応に気をつけることが必要です。複数の子どもたちに一斉に指導することもやってもいいとは思いますが、必ず各子どもたちからのフィードバックというのが必要だと思います。

　子どもがそれを聞いてどう思ったか、何を疑問に思ったかなどを、それぞれの子どもについて聞き取るのがよいです。人前で話したくない子どもは個別で安全なところで話せるように、そういうところを注意して行った方がいいです。

　性教育というと一斉に学校でするということになってしまいがちですが、虐待を受けてきた子どもにとっては、平静に聞くことが難しい、記憶がなくなってしまうなど、厳しいこともあります。そうだとすれば、そういう子どもを無理やりその場に置くことはよくありません。

　とくに施設ではリスクのある人がたくさんいるので、個別性を大事にしながらやって欲しいと思います。

　ここでのフィードバックというのは、性教育の後に職員が1対1で子どもから話を聞くといった方法です。とくにリスクのある場合は、そういうことが絶対必要だと思います。フィードバックをしないで教育だけをするというのはやめたほうがよいということです。

　子どもが話し出したときは、放置するのではなく聞き取った方
がいいです。ただし、聞き出せる力のある人が聞く場をもって聞
く必要があります。本人が話し出すということはなかなかありま
せんので、機会があったときは見逃さないのがいいです。

　たとえば、「お父さんともこういうことをしてたよ」とテレビを
見ていて言ったときには、「それは大切なことだからちょっと話し
てもらってもいいかな」ときっかけを作り、話を聞く。それはそ
の都度、そういう場をもったほうがよく、聞いたら、「大事なお
話ができたね」というサポートをする。サポートがないと、そこ
で口を閉ざしてしまいます。そのような性虐待にあっても、「あな
たは悪くない」ということについても必ず触れることが必要です。
本人は言わなくてもそう思っています。

　もしかしたら、深刻そうではなく、冗談のようかもしれません
が、子どもが、話すというのはその人を信用しているということ
であり、話せる相手というのは子ども自身も意識していないかも
しれませんが、わかってほしい相手であることが多いのです。そ
のため職員は、聞き方に注意をしてほしいです。「なんで今まで言
わなかったの」とか「そんなこと今話さないでよ」とか「どうし
ていいかわかんないのよ」とかネガティブな反応をしてしまいそ
うなこともあります。

　ただ、子どもがショッキングな話をした時には、「よく話せた
ね」と受け止めるのがよい、とどの本にも書いてあるし、正しい
のですが、私の経験でもそのように言うのはとても大変なこと
です。かなり意識しないと、最初に話したことを褒めてあげること

は難しいのです。

でも、最初の反応がどのようなものだったかが非常に重要で、「最初に施設の先生に話したけども何もしてくれなかったので、それ以来話さない」というようなことは起こってくることです。

自殺企図のような命に関わるようだったら必ず必要です。自傷他害につながるような時も、受診が必要な重いトラウマ反応と考えたほうがいいです。さらに本人がそのことで非常に生活を損なわれている場合。例えば学校に行けないとか、対人関係がうまくもてないとか、そういうことが甚だしい場合、見てもらった方がよいです。

ただ、どの精神科医でも対応できるとは限らず、「うちでは見られません」と言われてしまったり、「何でもないんじゃないですか」と言われたりして、2次被害に遭うということも起こります。見てくれる医師を見つけておくことも重要です。

本当は専門家が充分にいて、聞く体制があれば、虐待があれば一回来てねと言いたいところです。

性的な被害は最も被害の度合いが高いと思われるレイプまで含めても PTSD になる率は 50％ ぐらいで、すべてが PTSD となるわけではありません。

虐待の被害者も PTSD や抑うつがあることが多いので、被虐待児については、受診の必要性を常に留意してください。

家庭で暮らしている子が被害に遭った時に、親が治療を受けさせに連れて来ることは比較的容易ですが、施設にいる子どもたちの場合にはなかなか職員の目が行き届かない、労力に限りがあるなどで、治療を受けることが難しいのではないでしょうか。

在施設の18歳の子どもに施設職員がずっと付き添って治療に来てくださっていた例があります。とても頭の下がることで、施設の理解なしにはこのような治療は進みません。

職員さんには、十分理解してもらう必要があります。しかし、施設の職員さんも生活管理が精一杯だと、本人に関わり治療継続の動機づけをするのが難しく、本人も「苦しくて何とかよくなりたい」と受診に来たものの、続かないということも多いです。

でも、うまくいったケースは子どもにも力がありましたが、施設の支援が大きかったです。その人は本当によくなりました。性的虐待のPTSD症状がほぼ消えました。

大変だと思いますが、施設の理解をお願いしたいです。

子どもが苦しい状況にある時に、治療の効果について説明するということはありますか。

もちろんよく説明します。本人にわかるように説明します。

自傷行為の場合など、普通は自分の症状が何なのかさえもわかっていないことが多いです。自傷行為する子に「何かいいことがあるからやっているんだと思うけど、どうしてやっているのか考えてみよう」といった質問をすると、「切るとちょっとしゃっきりするからかな」とか「切って痛いのが私にぴったりかな」とか話してくれる場合があります。このように、何か自分に役に立つか

らこそ自傷行為もやっているのです。そのことは理解する必要が
あります。「リスカやっちゃいけません」と止めるだけではやめら
れません。

　それでも、治療の観点からいうと、リストカットするという問
題行動は繰り返さないように、まず止めておかないと、治療がう
まく進みません。どうしようもなくなった時の逃げ道としてリス
カがあるとしたら、それ以外の方法を見つけないと変わらないと
いうことになります。自傷の痛みが、どのように気持ちを改善す
るのか、でも一方で、そのせいで自分にとってどのような損なこ
とが起こっているのか、そういう症状にまつわる色々なことがわ
かるように説明する必要があると思います。

　このように、理解して問題行動を止めるために、まず自分の感
情を語るという練習をさせないといけないこともあります。虐待
の被害を受けた人には、今が【悲しい】のか【苦しい】のか【怖
い】のかみたいなこともよくわからないし、よく言えないという
人も多いのです。なぜなら、自分の感情を語っていいことなんて
一度もなかった、という体験をもった子どもたちです。痛いと言
えば殴られて、嫌だと言えば殴られて、ということがあれば言わ
なくなります。自分が何か感情を出した時に人がちゃんと反応し
てくれて、しかもそれによって危ないことが起きないという安心
感がないと、自分の感情に気づくことさえも難しいです。最初は
自分の感情を認めることからです。こういったことをちゃんとや
らないと、そのあとの治療がなかなかできないのです。

　PTSDの心理治療はマニュアル化されているのですが、治療の
前段階のこういった心理療法の基本的な条件については、PTSD
治療とはまた別の問題で、誰でも同じ手法が使えるわけではあり
ません。ここまでに時間がかかることもあります。「私は頭の中に
虐待をされた記憶が思い浮かぶとすごく怖くなってどうしていい

かわからなくなるんです」と、もし子どもが言えたとしたら、それはすごいことなんです。

性被害を受けている子たち同士が接触するときに気をつけることはありますか。

これは、私が具体的にお話しできることは少ないのですが、原則的には性被害・加害がまた起きやすいから気をつけないといけません。いじめなども起きやすいので、そのことは理解して、子ども同士の力関係を放任してしまわないように、注意して見守るしかありません。

子ども同士が、お互いを傷つけないように接するには、どうしたらいいのかがわからないのだと思います。ずっと虐待されてきた子どもたちは、大人に対しても、すごく強く出て悪態をついたり、小さくなって何も言わなかったり、恐怖と回避、怒りの爆発などの極端な行動をとります。

対人関係のもち方自体があまりよくわかっていないので、どうやると人を傷つけないで主張できるか、というようなことが全くわかっていません。そういうところではモデルも必要だろうなと思います。こういうことに HOW TO で簡単に解決できるようなことはありません。

父母が DV 関係の家庭の中で育つ場合に、子は被虐待になるということは知られていますが、子どもは直接身体的には何もされてないのに、見ているだけでどんな影響を受けるのでしょうか。

DV はなかなか複雑な問題ですが、お母さんが殴られるのを見ているだけでも怖いということがあります。身近な人が暴力を振

るわれているのを目撃することはトラウマ体験になりえます。脳の発達にも影響を与えるという研究もあります[1]。

　こういう子どもたちがどう思っているかというと、怖いことを自分が止めることができないことに、非常に自責感と無力感をもっていることが多いです。

　そういう意味では性的被害のトラウマと共通点があり、トラウマ体験としてあつかいます。自分の力ではいかんともしがたい恐怖の体験という点では同じなので、様々な影響があることが多いです。PTSDをはじめとする影響が起こりえます。

　DVの目撃というのも目撃だけあって後の生活はすべて健全ということはあり得ません。例えばDV被害を受けているお母さんの養育力が低くなってネグレクトになったり、あるいは、学校で家のことが気になって成績が振るわなかったり、お金がなくってうまく生活ができなかったりと、多様な影響があります。母親が心配で学校に行けないという人もいて、様々です。

　性行為を見せられるということには、何か性的な影響がありますか。

　性行為をDVの一つとして子どもに見せるということがあります。それはどう見ても性暴力ですから、暴力場面での目撃でもあります。また性交が暴力的なので、恐怖感をもって目撃することになります。つまりは性的なトラウマ体験ですから当然性的な影響はあります。この場合、性交は、暴力の一手段でしかなく、それを見せられるものにとっても心理的性的な暴力です。またこういうかたちで性的に母親を貶めることが、子どもと母親の関係に影響することも当然です。父親の側に立ってしまって、母親に暴力をふるったり、馬鹿にしたりする子どももいます。

加害親のことをよい人だとは言えないですね。

ただし、子どもが親のことをどう思っているかは色々です。例えば、トラウマ体験が重い時は、加害親が言っていることを自分の中に取り入れたりしているので、今述べたように、父と一緒になって「悪いのは母親だ」と言ったりもします。

加害している親はひどい人だ、とはなかなか子どもは言えない。恐怖にさらされている虐待の当事者にはとても怖いことです。大概は加害親の評価を避けてしまっています。こういう時に無理強いするのはよくありません。でもこれは症状なのですから治療が必要です。

加害親の評価はその虐待によるPTSDをもつ人には大変難しいと思ってください。何とでも言えるようになったらかなり症状はよくなっています。また回復の過程があるため時期によっても加害者に対する思いは変わってくるのが普通です。

知識だけではダメですが、でも知識は最低必要だと思います。不適切な（適切な対応を知らない）職員のとの関わりはかなり危険だと思ってください。危険の要因として一つには、力でコントロールされてきている子どもに対して、力でのコントロール力

を職員が使ってしまいがちだということです。「支配をしてはいけない」という指導と逆なことをしていることになります。一方で、最初は力によるコントロールしか受け付けない子どももいます。しかしこの場合も暴力を使わないことは大事です。最初は明白に公正に扱うことが大事です。

　次には、無視や回避でしょうか。「遊びだから」みたいに性的な被害加害を受け取ったり、被害についても子ども自身が回避的な態度だから「何でもない」ということを鵜呑みにしてしまったり、「前のことを忘れてしまった」と言うのを聞いて「忘れられればいいね」と、そのままにしてしまうこともあると思います。被害者は周りの者が見落とすほど何でもない様子をしていることも多いということです。それを見て大丈夫だと考えることは間違いです。

　逆に、子どもの話を聞いて「大変なことだ」と、職員一人で抱え込んでしまって他の職員と対立してしまうということもあると思います。

　これらのことは改善のチャンスを失うだけでなく、子どもの側がもう口を閉ざしてしまう。マイナスになってしまいます。アドバイスとしては、職員さんは、知識を入れるだけでは十分ではないですが、せめて基礎でいいから知っていてほしいと思います。

　また、虐待の話を聞くことは大変なことですから、自分の身を守る、健康を守ることも十分に考えてほしいと思います。一人でやらないで誰かに相談することにつきます。

　職員さんで子どもと性関係をもってしまうということがあるように聞いています。性的虐待のある子どもはとても脆弱なので、関心を引きたくて性的態度をとることもあります。性的な非行をすることもあります。これは前に述べた通りです。一人の力で一度に解決することではないかもしれないけれども、少しでも前にすすめるようにすることが必要でしょう。子どもが見た通りでは

ないということをわかってほしいなと思います。

　本当に身を守る術を知らない人たちに、身を守ることが大切だということを理解してもらう、本人が理解して、自ら自分を守ることが大切なことだとわかってもらうことはすごく大変なんです。

> 性被害により抱えたトラウマ反応に対する治療として、現在、日本ではどんな方法がとられているのでしょうか。

　虐待の被害だと、PTSD や複雑性 PTSD の治療が中心になります。国際的なガイドラインでは、ほぼPTSD治療の評価は決まっていて、今のところトラウマに焦点化した認知行動療法が第1選択。第2選択が薬物となっていることがほとんどです。

　科学的なエビデンスのあるトラウマに特化した心理療法というのは、非常に着実に効きます。全員の症状がゼロになるわけではないけれども、軽快するという点ではかなり確実です。

　国際的なガイドラインでも、第1選択が認知行動療法であるということは、精神科の病気としては珍しいです。

　子どもに対してだと、TF-CBT（トラウマフォーカストセラピー）[2] という方法がエビデンスのある方法です。

　PE（持続エクスポージャー法）[3] は大人用ですが、思春期の人もできます。

　成人用だと CPT（認知処理療法）[4] があります。それから EMDR[5]。そのあたりが確実に効くと言われている治療法です。

　これらの治療は日本ですでに行われていますし、効果も出ています。ただし、これらの心理療法は、薬の投与よりも施術が難しいこと、時間とお金がかかること、継続するための患者さんのモチベーションの持続が必要というところが難点と言えます。

　子どもの心理療法は養育者と一緒に来る、というかたちで養育

者も巻き込んで行えれば治療の持続がしやすいですが、青年期思春期の本人が1人で来てやるというのは、よっぽどモチベーションがないと心理療法ができません。本人がトラウマと症状の因果関係さえわからないようなところから始めると、まずここにたどり着く前の治療が必要になることが多いです。

［注］

1　友田明美（2017）『子どもの脳を傷つける親たち』NHK出版
2　認知行動療法、アタッチメント療法、ファミリーセラピーなどの治療パッケージです。
3　不安や苦痛を克服するため、患者が恐怖を抱いている物や状況に対して、危険を伴うことなく直面させるものです。
4　Cognitive Processing Therapy　的外傷後ストレス障害に対する認知行動療法。認知処理療法では、自然な感情を感じることと、トラウマティックな出来事によって生じた本人を苦しめている認知について考え直すことなどが基本になります。
5　Eye Movement Desensitization and Reprocessing　眼球運動による脱感作と再処理の略。左右の眼球運動を行いながらトラウマの治療を行うものです。

Q₁ 月経や精通に関する相談があったらどうすればいいですか？

A （詳しくは第4章を参照して下さい）ここでは、実際に子どもたちにどのように対応するかをお話しします。月経や精通に関する相談があったときには、まず、何が心配なのか丁寧に聞いてみてください。こどもたちがびっくりしたり、不安な気持ちが大きい時には、健康に成長している証拠であることをしっかり伝えて安心させてあげてください。特に月経については、月経痛の対処の仕方、月経中の日常生活の過ごし方（生理用品の選び方、トイレの始末、下着の取り扱い方、入浴の仕方、体育の時間の対応など）できるだけ具体的にそれぞれの子どもの発育上京や理解度に合わせて伝えてあげてください。しかし、月経そのものや、精通そのものを受け入れ難い様子がある時には、その子どもの中に何がおこっているのか、トラウマインフォームドケアの視点にたってみてください。そして「どうしてそう感じている（受け入れ難い）の？」と尋ねてみてください。こどもの心に触れるチャンスかもしれません。（足立泰代）

Q₂ どんな下着（服）を選べばいいですか？

A 下着や洋服に限らず、できるだけ子どもの身の周りの物品は子どもと一緒に買いに行くことがよいと思います。買い物をする中で、その子どもがどのようなものが好きなのか、または嫌いなのかということがよくわかります。それらによって、子どもの背景や現在の状態を知ることができます。できるだけ子どもの好みの物

品を購入しますが、年齢に合わないような露出が過度な下着や洋服、または漫画等については、「買うことであなたを危険な目に合わせてしまう可能性があるから、大人の責任としてできないよ」などと言って説明をしましょう。あわせて、具体的にどのようなことが社会で起きていて、どんなことを大人が心配しているのかということをその子の理解力に合った内容で伝えられるとよいかと思います。また、露出等の多い服はダメ、と頭ごなしに言うのではなく、子どもが自分で考え選択する力を付けるためにも、一つひとつの品物について子どもの意見をしっかりと聞き、子どもに対して肯定的な姿勢であることが最も大切です。(小林千夏)

Q₃ 下着がなくなったらどうしたらいいですか？ 男の子の部屋から女の子の下着が出てきたら？

A

子どもたち一人ひとりが安全・安心に生活できるためには、できる限りプライベートが守られ、私物の紛失等が起こらないような生活環境であることが必要です。問題を個別の出来事ではなく、施設全体の問題として解決していかなければなりません。特に、下着等のプライバシー性の高い物品の紛失は、その子どもにとって非常に怖い体験となります。まず、その子どもの気持ちに寄り添うことが必要です。

施設全体の問題解決を進める際には、現在の状況について子どもたちに説明をする必要があるでしょう。「ある子の大切な私物がなくなってしまい、子どもの安全を守れないという状況について、大人として申し訳ないと思っている」などという子どもを護る大人の責任を果たせなかったことへの謝罪が必要なこともあるかもしれません。そして「生活するみんなの権利を守るためにも、このことについて知っている子がいたら教えてほしい」という協

力を依頼し、子どもたちの安全・安心のために問題解決をしたいという大人の姿勢を見せることが大切です。他にも、個人用の鍵付きロッカーを用意する、信頼する職員に預けられる等の仕組みを作ることもできることのひとつではないでしょうか。

　問題の原因となる子どもがわかれば、他者の私物を持って行ってしまうことの誤りを修正し、してしまったことが「暴力（下着であれば性暴力）」のひとつであることを個別に話しをして理解してもらうこととなります。場合によっては、心理的なアプローチも必要となるかもしれません。その際、対象となった子どもを犯人のように扱うことや他児に晒す等のことはしてはいけません。もし問題の原因となる子どもが分からなかったとしても、施設全体として「暴力」とは何かを話し合うきっかけになります。紛失等の出来事をそのままにせず、大人が真剣に向き合っている姿を見せることが何よりも子どもたちの安心感につながることだと思います。（小林千夏）

Q4 施設の中で恋愛のルールをどうしたらいいですか？

A 恋愛のルールについては、特に子どもたちと職員とよく話しあうことが大事です。そして職員が決めたいルールの目的は何なのか、施設の秩序を守るためなのか、その子の人生を守るためのルールなのか、子どもたちと一緒に話し合って、双方の折り合いをつけていくが大切です。恋愛の話しは、子どもたちの日常生活の悩みや抱えている課題に直結しています。そのことを大人として真剣に取り上げて、一緒に悩んで、制限がある中で解決策を一緒に考えていく過程が大切です。子どもにとって「信頼できる大人」の扉を開いてくれる第一歩になるかもしれませんね。（足立泰代）

Q5 子どもの性的発言にどう対応したらいいですか？

A 　子どもは発達過程で、どの年齢においても、性的な発言がみられたり、興味があることは当たり前のことです。しかし、大人から見て、性被害に巻き込まれないという目的をもって、性的な発言が、被害に巻き込まれる可能性があると感じたとき、「性のマナー、ルール」を、しっかり子どもたちに伝えていくことが重要です。そして、その子どもの発言内容と年齢が一致しない場合は、なんらかの性的体験にさらされてきた可能性があるかもしれません。その場合は、職員一人で考えて対応するのではなくて、職員チームとしてアセスメントしてください。子どもの背景に思いを馳せることで、対応の糸口がみつかるかもしれません。(足立泰代)

Q6 性暴力を打ち明けられたらどうしたらいいですか？

A 　施設内性暴力の場合（被害、加害が子どもまたは職員やその他の子どもや大人であった場合）その場の対応、事後の対応、当事者以外の子どもにどう対応するか、再発を防ぐためにできることは何か、が重要になってきます。

①その場の対応

　打ち明けた子どもが、被害者であっても目撃者であっても「よく話してくれたね」とまずしっかり伝え、その勇気を讃えましょう。そして、これからの「聞き取り」をしていく意図と目的について、その子どもに理解できるように伝えましょう。たとえば「あなたの安全、安心を守るために調査をしていく」などと伝えます。

②事後の対応

被害者、加害者を別々にし、個別に話しを聴いていきます。

　その時に、対応する職員は先入観や、思い込み、過去の出来事などすべて排除して、今起こっていることに集中して話しを聴いていきます。そして二次被害、記憶の汚染を防ぐため、「聞き取り」は１回で行います。

③当事者以外の子どもへの対応

　施設の場合、顕在化していない被害者が多数いる可能性もあります。現場を見たり、聞いたりしているだけでも、精神的なダメージは大きいものです。そのため、当事者以外の子どもたちにも話しをしていくことが必要です。その場合にも、「他の加害者、被害者を見つけ出す」という視点ではなく、すべての子どもにとって、施設が安全・安心の場であるように、施設職員が全力をつくすという姿勢で子どもたちに向き合うことが必要です。また、事態の全体像が見えたとき、施設だけで抱えていくのではなく、他関係機関（第11章参考）とも連携して対応していくことが大切です。

④再び被害に会わないために、加害を生まないために、傍観者を作らないために

　職員集団でまず行って欲しいことは、まずお互いを労って下さい。施設内で何かトラブルがあると、職員集団そのものが傷つきます。その後で、日常生活の見直し、子ども同士の関係性、職員間の連携のありかた、子どもと職員の距離の持ち方などをできるだけ客観的な視点からアセスメントしてください。そして「性暴力とは何か」今一度職員間と子どもたちとの間で共有してください。それから、職員さんと子どもたちとたくさんの共通言語を持てるようになってください。すると子どもたちとの会話が増えます。会話が増えるとトラブルの早期発見に繋がり、施設全体として、被害者、加害者、傍観者を生まない土壌作りにつながるでしょう。（足立泰代）

Q7 押入れを開けたら、子どもが性器を触り合っていました。

A そのような場面に遭遇すると、たいていの大人は慌ててしまうものです。冷静に対処するために、ひと呼吸置くなどして少しでも落ち着きましょう。落ち着いた声で、子どもたちに離れるように指示し、身支度をさせます。それぞれの子どもを別の場所に移動させ、同時に何があったのかを聞き取ります。子どもも職員も感情的になると事実がわからなくなってしまうので、職員が冷静に 5W1H を基本に聞き取ることです。聞き取りの手順や対応については、第5章、第10章を参考にしてください。問題が複数人の子どもへ広がっているようであれば、個別かつ同時に、すべての子どもへの聞き取り調査を行う必要があるので、施設長を中心に全職員で対応をすることになります。また、児童相談所など関係機関との連携や対応方法は、行政単位で、それぞれのルールがあるかと思いますので、予め対応マニュアルを関係機関同士で確認しておくことが望ましいと思います。ひとつの発見が、施設全体の問題を明らかにし、その後に起こりうる性暴力の早期発見、早期対応、予防的介入へと発展することもあります。

「たいしたことではない」と絶対にそのままにしないでください。予防的介入で留まれば、日頃のヒヤリハット事例程度で対応できるという経験が生まれます。結果として、問題を最小限度で解決できるようになりますし、子どもたち一人ひとりのケアの拡充につながるのです。(小林千夏)

Q8 | 暴力的なパートナーと付き合っている子どもへはどのように対応したらいいですか？

A　直接子どもに問いただしたり、正論を伝えることにより、かえって頑なになる可能性が高くなります。直接的なテーマとして取り扱うよりも、日常生活の会話を意識して対話の機会をもつことが、子どもの世界を知る大きな鍵になります。その関係性の中で法律に触れているようなことはないか、デートDVはないか。その子どもの変化（外見、お金の使い方、持ち物の変化）などを注意深く観察します。DV被害者は「自分のことに関心を持ってくれる人が誰もいない」「話を聞いてくれる人が誰もいない」「自分のことを理解してくれるのはこの人（加害者）だけ」と思い込んでいる場合が多くあります。外出して帰ってきたときに、傷や痣がないかよく確認し、もしもケガをしていたら、手当をする中で、「私はあなたにこのような暴力に遭ってほしくない」ということを繰り返し伝えていってください。（足立泰代）

Q9 | べたべたする子（身体的接触）にどう関わったらいいですか？

A　まず、よく観察することが大切です。子どもの年齢は何歳ですか？　その子どもの背景にはどのようなものがありますか？　ベタベタする相手は特定されていますか、誰かれ構わずですか？　相手の年齢は？　などを観察してください。そして「性的トラウマによるとみられる特徴的な反応や行動としてもっとも頻繁に報告されるのは「ベタベタする」といった極端な対人距離の近さである」（野坂祐子 2018）との見解もあります。

また、同性に対してべたべたする場合は同性愛者なのでは？

と、安易に決めつけてもいけません。そして、「身体接触＝性的問題」ではなく、アタッチメントの問題かもしれないことも視野に入れておきます。

　子どもの気になった行動が見られた時には、対応する側が、先入観や、過去の経験から判断するのではなく、今そこにある「気になる行動」そのものにも注目・観察し、あらゆる可能性を広げて分析した上で対応することが大切です。

　そして大事なことは、相手の気持ちはどうなのか？　当事者だけではなく、べたべたされている相手の子どもがどのような気持ちなのか？　嫌な時には「嫌」と言っていいことを伝えていきましょう。そして、「嫌」と言いたいけれど言えない時には、必ず大人に話すことを伝えます。その対象が職員の場合、大人として境界線のルールがあることをしっかりその場で子どもに伝えていきます。そして日常生活においても、大人側の距離感が危うくならないよう配慮することが大切です。職員がその時に応じて接触の距離が変わると、子どもに安定した境界線を理解させていくことは難しくなります。同時に、境界線を示すことは、本人を拒否しているわけではなく、コミュニケーションの方法として、ベタベタするという手段以外にもあることを繰り返し示していくことが大事です。決して、職員の側が「子どもに嫌われたくないから。甘えさせてあげる」などと思わないでください。

　また、具体的にその子どもが身体接触をするのはどのような時なのか、その前後に見られる行動はどのようなものか、記録しておき、他の職員の意見を聞くことも解決の糸口になると思います。

（足立泰代）

　　［文献］
　　野坂祐子 2018「児童自立支援施設の措置児童の被害実体の的確な把握と支援方策
　　　　等に関する調査研究報告書（第 1 報告）」p .6

Q10. リストカットなど、子どものサインに気づいたら

①自傷のアセスメントを行う

A

その行為は、自殺目的なものか（この場合はすぐに医療機関に繋ぐ必要があります）、感情調整のため行っているものかアセスメントを行います。その子どもがリストカットをすることの本当のニーズは何なのでしょう。その行為によって得ようとしているものは何なのでしょう。人間関係のトラブルや集団内の孤立が契機となっていることもあります。そこをまず子どもと一緒に探ってみてください。そして「切りたい」とか「切ってしまった」と話してくれたときには、叱ったり、怒ったり、悲しげな顔や不安な表情を見せたりせずに、子どもが正直に話してくれたことにたいして「よく話してくれたね」と伝えてあげてください。

②職員一人で対応しないこと

上記について、職員チームで常に協議しながら対応していきましょう。周りの職員は対応している職員を孤立させないようにサポート体制をつくっておくことが大事です。（足立泰代）

Q11. 性に関する情報についてはどうしたらいいですか？

A

子どもを取り巻く性の情報が、インターネットの普及に伴い変化しています。子どもたちがインターネットを利用する以前は、アダルト雑誌、アダルトビデオ、TV から性に関する情報を得ていました。そういう時代では、大人は、思春期の子どもたちがこっそりとアダルト雑誌を手にしていることを把握していたものです。しかし、

インターネットの普及に伴い、瞬時に、国内に留まらず、海外のアダルトサイトにも容易につながることができる状況となっています。これらの状況で得る情報の中には、画像修正（モザイク処理）がなされていないものや暴力的な映像が含まれています。また、個々の持つ端末内で、どのような性情報にアクセスしているかを大人が把握することが困難な状況になっています。子どもが目にする情報のスピードと量に大人がついていけない現状にあります。

　子どもがこれらの情報を目にする前に、性教育を通じて正しい性の知識を修得できる機会を提供しなければなりません。性教育により、氾濫した情報を目にする前に、正しい性の知識のフィルターをかける必要があります。性教育にはしばし「寝た子を起こすな」論がつきまといますが、情報の氾濫により、「寝ている子はいない！」「氾濫した情報に起こされている！」と考えても過言ではありません。（山口修平）

Q12 ｜ 他の子どもの布団に入る子がいたらどうしたらいいですか？

A

　他の子どもの布団に入る時の行動のパターンをアセスメントしておく必要があります。いつこのような行動が表れたかについて、①曜日や時間の傾向を把握する。②誰の布団にどのような入り方をするのかを把握する。③どのような条件が重なると発生するかを把握する（勤務職員によって？　親との交流の前後？　学校での様子？）。

　行動には必ずその目的があります。他人の布団に入ることによって、その子どもは何を得られるのか？など、行動の背景にあることを探求することが必要です。状況により、その子どもから聴いてみてもよいでしょう。

　また、自他の布団の境界が明確になるように、画一的な寝具で

はなく、布団カバーのデザインを個々によって変えることで、自他の布団の境界が視覚的に明確になります。年少の子どもたちは、夜になるとトラウマ症状が現れ、怖さや不安から他の児童の布団に入ることにより、安心を求めることもあります。

　他人の布団に入る行動に対する注意に留まらず、「なぜ入るのか？」について、何らかのサインと捉え、個々に具体的なアセスメントと丁寧な対応が求められます。(山口修平)

Q13

幼児が、「性器いじり」をしています。お風呂などで、性器を見せ合ってふざけたりしています。どう対応したらよいでしょう。小学生でも同性間で性器の「見せっこ」をしたり、触ったりしています。どうしたらよいでしょうか。

A

　年齢相応の健全な性の発達について理解しておく必要があります（国際セクシャリティ教育ガイダンス等を参考にされてください）。例えば、幼児期は身体的な男女の違いに気付き、興味がわきます。自分の身体を触ってみたり、「おまた」「ちんちん」「うんち」などの言葉を連呼したりする姿が見られることは自然なことと考えられます。このような場面において養育者が気を付けたいことは、「自分の身体を見ること、触ることは問題ないが、他者の身体を見ること、触ることは相手の安全・安心が守られなくなってしまうためしてはいけないこと」「発言したくなる気持ちを尊重しながらも、性はふざけて遊びで使ってはいけないこと」を伝える必要があります。

　プライベートゾーンと呼ばれる部分が、身体の中でも命のもととなる重要な役割を持っているだけでなく、〈心〉と強くつながっていることを子どもたちが理解できるとよいと思います。説明の最後に「大切なものはそっと宝物箱にしまっておかない？　このことについて聞きたいこと、話したいことがあったら、信頼できる大人にいつでも質問をしてね」などと言葉をそえると、子どもたちは自

らの性の発達について適切に養育者が対応してくれることがわかり、
安心感を得ることができるのではないでしょうか。(小林千夏)

Q14 | 距離感が図れない子どもたちに対してどう関わったらいいのでしょうか。

距離感をはかれることは、より良い人間関係において大切なことではありますが、その前提には、子どもたちが「大切な私」の感覚を持てることが必要となります。「大切な私」の感覚があるからこそ、相手との安全・安心な距離感をはかることができるからです。 **A**

「大切な私」の感覚は、自己承認・他者承認により育まれます。養育者からの「あなたは大切な存在だよ」というあたたかな眼差しと生活支援を基盤として、子どもたち自身が「自分は大切な存在だな」と心から思えるようになると、自然と安全・安心な距離感がはかれるようになってくると思います。

また、職員自身が自分の安全・安心を感じる距離があるということを伝えることが、子どもたちの気づきにつながることもあります。子どもだから、職員だからということでなく、お互いが個人として安全・安心な距離があり、どのようなものなのかを話し合えるとよいのではないでしょうか。(小林千夏)

Q15 | 自慰行為を繰り返している子どもがいます。このまま放っておいてよいでしょうか。

自慰行為は、一人で、安全な環境と方法で行われていれば、大きな問題ではありません。安全な環境とはプライバシーが守られた場所のことです。安全な環境について説明し、子どもと一緒に考える必要があります。安全な方法とは、マスターベーション **A**

の正しい方法を知っているということです。例えば、床や畳にこすりつける等の手を使わないマスターベーションは、膣内射精障害の原因にもなります。現在は、アダルト動画鑑賞が性機能を悪化させるということも言われています。まずは大人が自慰行為について科学的で正しい知識を持つことが必要だと思います。

　また、自慰行為は性的な欲求が満たされることによる精神的な安定につながってます。過酷な状況を生き抜いてきた子どもにとって、満たしてもらえなかった生理的欲求の代替的な行為であるという見方ができます。自慰行為を止めるということではなく、それ以外の気持ちの満たし方を知っているということが大切なことだと思います。例えば、養育者におんぶをしてもらった心地よさ、悲しい時に養育者がなぐさめてくれた体験などは子どもたちの精神的な安定につながっています。日常生活を通じて子どもたちは欲求（ニーズ）を常に発信しています。発せられる欲求（ニーズ）に寄り添っていくことが私たちにできることなのではないでしょうか。

　しかしながら、自慰行為の中には、性的虐待、性的被害から引き起こされている行動もあります。年齢不相応な知識による行動や危険な環境・方法である場合には特別な支援が必要となります。子どもの状態を観察し、児童相談所や専門家につなげていくことも私たちの役目です。そのためにも、子どもの性の健全な発達や性的被害、性的虐待の影響について理解しておく必要があると思います。（小林千夏）

Q 16 | 入所前に、性化行動に対して、配慮すべきことがあります か？

　入所前の児童相談所一時保護所での生活の状況について、これ から担当になる施設職員は、児童相談所での行動観察を十分に把 握する必要があります。どのような場面で性化行動が表出し、そ の場面でどのように介入していたのかについて、児童相談所職員 から情報を得ましょう。特に施設のような集団生活では、一人の 子どもの性化行動が他児に様々な影響をきたすことがあります。

　一例として、性的虐待に遭った経験から、性化行動のある中 学2年生女児（A子ちゃん）は男性職員や男性実習生への距離の 近さ（見つけるとすぐに近づく、身体接触）が見られました。その 場面を見た職員や他児（特に女性）は、「A子はすぐ男性に近寄る よね、男好きだよね、男性の前でぶりっ子するよね」と嫌悪感を 抱いてしまいます。子どもが生来もっている性格行動のように決 め付けてしまうのです。そのような状況が続いたことで、A子は、 女児の集団から疎外される方向に行ってことになってしまいまし た。その結果、A子は男児の集団へと居場所を求めて行きまし た。男児の集団は性化行動の知識があまりありませんから、男児 は「A子は男好き、性的興味関心が強い」など、A子の行動を 誤って捉えてしまいました。最終的には早期に男児との性的接触 へとつながってしまい、性被害を受ける方向へと発展してしまっ たというケースがありました。

　個々の性化行動へのアセスメントにより、その行動が他児にど のように影響をきたすかについて予測し、職員で共有することが 重要です。性化行動により自分に振りかかるデメリットや他児 への影響について、本人への心理教育（性化行動の背景にあるもの、 その影響）やSSTが有効なケースもあります。（山口修平）

Q17

入所間もない児童が、問題となる行動を起こした時、関係性が希薄で担当職員として、その問題に向き合うことができませんでした。その結果、子どもが問題自体を否認して解決できないことがありました。どうしたらよいでしょう。

A

入所時に予め施設において日々の生活で大切にしていること、共同生活で守ってもらいたいこと、施設が子ども一人ひとりを大切に想っていることを伝えておきます。その上で、問題が起きた場合には、その行動がどのような「問題」になっているのか、冷静に対象となる子どもに伝えます。「起きた問題行動の改善をどうするのか」ということに焦点を当て過ぎると、子どもは責められたと思い、大人への不信感を募らせてしまいます。子どもの行動と人格を分けて話すように十分配慮します。施設に入所する子どもたちは、家庭で身につけることができなかったことも多くあります。そのことも考慮して、子どもへの信頼を忘れずに、起きた「問題」に対して子どもと職員（養育者）が一緒に考えていくことが、子どもの暮らしを支えることだと思います。（小林千夏）

Q18

性加害を起こした児童について、職員がどうしても「加害をした子」という捉えをしてしまいます。どのように切り替えたらよいでしょう。

A

起きた問題が大きいほど、養育者も動揺し、冷静さを失い葛藤が生じます。しかし、加害をしてしまった子どもの多くが過去や現在に被害を受けており、到底一人では抱えることのできない大きな苦しみや課題を抱えています。問題は起きてしまった出来事そのものです。子どもの人格が問題なのではないことを、いつも心に留めておくことが大切です。そのような理解が、養育者の子どもへの寄り添いにつながります。（小林千夏）

Q19

卒園を控えた女子高校生に、妊娠・中絶・性病などのリスクを伝えようとしても、性に対する興味だけが先行してしまいます。自分を大切にすることをどのように伝えたらよいのでしょうか。

A

（詳しくは第4章2-(2)を参照して下さい）。正しい知識をもつことは、退所後の子どもたちの心と身体を守ります。リスクを伝える方法よりも、自分の心と身体を守ることためにという視点で伝えることが良いでしょう。伝える内容に不安があれば、地域の助産師や保健師など、性教育の専門家などに依頼してお話して頂くこともできます。自分の身体と心を守るためには、自分が自分を大切に想う気持ちが重要です。「大切なわたし」を感じられるための取り組みは、第1部（病気や身体的影響については第4章）を参考にしてください。また、実際に子どもが予期せぬ妊娠をしてしまった時、「どこの」「誰に」相談したら良いのかを具体的に伝えておくことも必要です。（小林千夏）

Q20

同じ服を何日も着ていたり、洗濯にも出さない不衛生な子どもがいます。どうしたら良いでしょう。匂いも気になるのですが、職員から何度伝えても全く気にしない子がいます。どうしたら良いでしょう。

A

自分は大切な存在だと心から感じられないと、自分の身の周りに気を配ることや、周囲への配慮をすることは難しいものです。また、一人ひとりの発達の課題や特徴によりそれを難しくさせていることもあります。その子がなぜそのような状態になっているのかよく観察し、できるようになるためにはどのような働きかけや環境への配慮が必要か考えてみましょう。

　時間はかかりますが、日々の子どもたちの生活を一歩ずつ前進させることが大切です。生活技術の習得ばかりに気を取られてし

まいすぎると、子どもから大人への信頼が損なわれてしまう事態
も起きかねません。周囲の大人たちの温かな眼差しと必要な手助
けにより、子ども自身が自分は大切な存在だと感じられるように
なった時、変化が生まれます。子どもの成長を信じ、必要な手助
けをし続けることが、最も大切なことなのではないでしょうか。

（小林千夏）

Q21 「あかちゃんはどうやって産まれるの？」と聞かれたら何と答えたらよいのでしょうか。

A （具体的な取組みについては第4章2-（1）「「妊娠の原理」と「中絶」について」を参照して下さい）誰でも「自分はどうやって生まれてきたのか」と疑問に思うことは、自然な感覚です。かつては、幼い時期には出来るだけ「性的なもの」には触れさせず、避ける傾向がありました。しかし、最近は、幼い子ども向けの生命や性の教育に関する絵本や、大人向けの良著が多く出版されています。そのような絵本を読み聞かせたり、性教育委員会などで幼児対象に紙芝居などを使って話すのも良いかもしれません。その際、「こうのとりが運んで来た」というたとえ話ではなく、「お父さん卵のお部屋は……、お母さん卵のお部屋は……」と幼児にもわかりすい言葉で身体の仕組みを説明してあげましょう。（小木曽宏）

Q22 ｜ 「どうして人間ってセックスするの？」と聞かれたらどう答えたらよいのでしょうか。

聞いてきたこどもの年齢によって答え方は違ってきます。幼児であれば、どこでその言葉を知ったのか、背景を探ってみてください。その上で「セックス」という言葉はとても大切な言葉であることを伝えてください。小学生高学年以上の子どもたちが聞いてくる時には、大人の反応をみているのか、真剣に知りたいと思っているのかどちらでしょうか？　そんな時はまず、「セックスに興味があるの？」とその子どもに聞いてみてください。その問いに対する子どもの答えから、質問の本当のニーズがみえてくるでしょう。その上でセックスの意味については、二つあることを伝えてください。一つは赤ちゃんを産むための方法で、もう一つは大切な人ができたときに、本当に同意の元で、信頼できるパートナーとの愛を育てるための方法です。人間にとってとても大切なことであると話してあげてください。（足立泰代）

Q23 ｜ 「先生は彼氏（彼女）いるの？」と質問されたら正直に答えた方がよいのでしょうか。

逆になぜ質問してきたのか、子どもに尋ねてみましょう。その子は職員に彼氏（彼女）がいることをなぜ知りたいと思ったのでしょう。単純にいるかいないかを知りたいだけなのかもしれません。けれども尋ねてきた子ども自身に、疑問に思うことや心配に思うことがあるのかもしれません。後者の場合、丁寧に話を聞くことでその子どもへの理解につながります。しかし、職員自身にもプライベートなことで答えたくないこともあると思います。その時には、なぜ答えたくないのか、理由を説明してあげるとよい

でしょう。（荘司貴代）

Q24 「大人になるとどうして（あそこに）毛が生えるの？」と聞かれたらどう答えたらよいのでしょうか。

A

性器の周りに毛が生えるのには、理由があります。性器はからだのなかでもとても大事なところなので、そこにばい菌が入るのを防ぐ働きをしてくれています。「だから、性器は清潔にしておこうね」と話してあげてはどうでしょう。（足立泰代）

Q25 子どもから「同性の子が恋愛対象だ」と相談されたら。

A

勇気をもって相談してきてくれたことをまず受け止めて、「私に話してくれてありがとう」と言葉にして伝えてください。その上で、私たちのセクシュアリティは、本当に様々であること、女性を好きでも、男性を好きでも、どちらを好きになっても、「こころ」と「からだ」の性別が違っていても、人間はみんないろいろでありのままでいい、ということを話してください。しかし、思春期は誰でも「自分とは？」などと揺れ動く時期です。そして恋愛対象が、同性でも異性でも、社会で守らなければならないルールやマナーは同じであることをあわせて伝えてください。（足立泰代）

Q26

子どもが「ＳとかＭっていうけど、どういう意味？」と聞いてきました。何と答えればよいでしょう。

A

　質問をしてきた子どもの年齢にまず注目してください。幼児や小学生であれば、子どもたちが大人の性情報に晒されている可能性があります。アダルトサイトなどが身近にあるのか、身近な大人たちが暴力的な性的場面や描写を子どもに見せていなかったか。それを知ることで、質問の背景がわかります。さらに質問をしてきた子どもが思春期ならば、どのようなところでその情報を知ったのか、聞いてみてください。その上で、セックスの意味について（Q22参照）、一緒に考えてみるきっかけにしてみてはどうでしょう。

　子どもたちが性のキーワードを聞いてきた時に、本当にその意味自体を知りたいというよりは、大人の反応を試していることもあります。子どもたちの質問には、「わからないことはわからない」という毅然とした姿勢で、「でも興味があるんだね、知りたいんだね」ということはしっかり受け止めて、一緒に考えるというスタンスが大切です。そこからが性教育のスタートとして捉えてください。（足立泰代）

Q27

施設内で「性問題」が発生した時、基本的な対応について教えてください。

A

　第一に大切なことは発覚したことで驚いた職員が、一人で問題への介入をしないことです。次に、早急に起きたことの事実を上司に報告し、問題対応に関わる職員を招集し、情報を共有することです。以下、必要事項を示しておきます。
①48時間以内に関係機関（所管課・児童相談所）に報告

②事実確認……誰が、どこで、どのように対象児童から聴き取りをするかについて、十分な検討を行う（聴き取りをする職員は、できるだけオープンクエスチョンで聴くこと）。

　その他にも多くの事項（加害・被害児の分離、保護者への報告、学校との連携）について検討が必要です。焦らずに役割分担や初期介入の方法について十分な検討を行ってから介入することが重要です。日頃から、検討すべき事項についてリスト化やマニュアル策定をしておくことが有効です。第10章参照。（山口修平）

Q28 「性的問題」を起こさないために、日頃から行っておくべきことはありますか？

A 　性（生）教育プログラムの実施も大切なことだと思いますが、子どもたちの暮らしを整えることが何より大切なことだと考えます。子どもたちの話を聞くことや小さな変化も見逃さないようにすること、掃除や洗濯、楽しく美味しく食事を摂ること、子どもたちが使用するものをきちんと用意する（その子の名前が記名されているものや個別に準備する）ことなど、子どもたちの生活環境を整えましょう。子どもたちと関わる大人が子どもたちやその暮らしを大切にしていることが伝わるような関わりをしていくこと、毎日の暮らしの積み重ねが「性的問題」を未然に防ぐことにつながると言えるでしょう。

　また、職員が性暴力被害・加害についての正確な知識、アセスメント技術を持っていることが性暴力の未然予防・早期発見・対応に繋がります。職員は経験と勘に頼らず、研修会等に積極的に参加し、スキルアップを図ることも必要です。（荘司貴代）

1　子どものための参考書籍

『とにかくさけんでにげるんだ——わるい人から身をまもる本』
　　ベティー・ボガホールド（作）・安藤由紀（訳）・河原まり子（絵）、岩崎書店

『いいタッチわるいタッチ（だいじょうぶの絵本）』安藤由紀（著）、復刊ドットコム

『わたしのはなし（おかあさんとみる性の本）』山本直英（監修）、和歌山静子（作）、童心社

『ぼくのはなし（おかあさんとみる性の本）』山本直英（監修）、和歌山静子（作）、童心社

『ふたりのはなし（おかあさんとみる性の本）』山本直英（監修）、和歌山静子（作）、童心社

『産婦人科医宋美玄先生の生理だいじょうぶブック』
　　宋美玄（監修、原案）、あべさより（漫画）、小学館

『あっ！　そうなんだ！　性と生——幼児・小学生そしておとなへ』浅井春夫・安達倭雅子・
北山ひと美・中野久恵・星野恵（編著）、勝部真規子（絵）、エイデル研究所

『13歳までに伝えたい女の子の心と体のこと』やまがたてるえ（著）、かんき出版

『ジェームズ・ドーソンの下半身入門——まるごと男子！読本』
　　ジェームズ・ドーソン（著）、藤堂嘉章（訳）、太郎次郎社エディタス

子どものトラウマ治療のための絵本シリーズ『こわい目にあったアライグマくん』『さよなら、
ねずみちゃん』『ねぇ、話してみて！』『えがおをわすれたジェーン』
　　飛鳥井望・亀岡智美（シリーズ監訳）、誠信書房

『イラスト版 10歳からの性教育——子どもとマスターする51の性のしくみと命のだいじ』
　　"人間と性"教育研究所（著）、高柳美知子（編集）、合同出版

『イラスト版 発達に遅れのある子どもと学ぶ性のはなし——子どもとマスターする性のしく
み・いのちの大切さ』伊藤修毅（著）、合同出版

『赤ちゃんが生まれる——幼児編』
　　ニルス・タヴェルニエ（著）、中島さおり（訳）、ブロンズ新社

『中高生のためのメンタルサバイバルガイド』松本俊彦（編）、日本評論社

『新版 SEX & our BODY 10代の性とからだの常識』河野美代子（著）、日本放送出版協会

『学校では教えてくれない大切なこと 18 からだと心』松本麻希（イラスト）、旺文社

『男の子が大人になるとき（もっと自分を好きになるドキドキワクワク性教育）』
　　岩室紳也（監修）、中村光宏（イラスト）、少年写真新聞社

『もじゃもじゃ』せなけいこ（作絵）、福音館書店

『ぼくの手　わたしの手』中川ひろたか（作）、斉藤美春（写真）、保育社

『おおきくなるっていうことは』中川ひろたか（作）、村上康成（絵）、童心社

2　子どもへのお勧めサイト

性の絵本　https://seinoehon.jimdofree.com/

命育　https://meiiku.com/

かがやきスクール　https://www.kagayaki-school.jp/index.html

3　大人のための参考書籍

『子どもへの性的虐待』森田ゆり（著）、岩波新書

『子どもと暴力──子どもたちと語るために』森田ゆり（著）、岩波書店

『性的虐待を受けた子ども・性的問題行動を示す子どもへの支援』
　八木修司・岡本正子（編著）、明石書店

『「性（せい）・say（セイ）・生（せい）」』全日本手をつなぐ育成会（編）、アーニ出版

『改訂新版 ヒューマン・セクソロジー』
　狛潤一・佐藤明子・水野哲夫・村瀬幸治（著）、子どもの未来社

『国際セクシュアリティ教育ガイダンス【改訂版】──科学的根拠に基づいたアプローチ』
　ユネスコ（編集）、浅井春夫・艮香織・田代美江子・福田和子・渡辺大輔（訳）、明石書店

『教科書にみる世界の性教育』橋本紀子・池谷壽夫・田代美江子（著）、かもがわ出版

『0 歳からはじまるオランダの性教育』リヒテルズ直子（著）、日本評論社

『性暴力被害者への支援──臨床実践の現場から』小西聖子・上田鼓（編）、誠信書房

『いやされない傷──児童虐待と傷ついていく脳』
　マーチン・H・タイチヤー（監修）、友田明美（著）、診断と治療社

『赤ずきんとオオカミのトラウマ・ケア──自分を愛する力を取り戻す〔心理教育〕の本』
　白川美也子（著）、アスク・ヒューマン・ケア

『トラウマのことがわかる本── 生きづらさを軽くするためにできること（健康ライブラリーイラスト版）』白川美也子（監修）、講談社

『マイ ステップ──性被害を受けた子どもと支援者のための心理教育（CD 付き）』
　野坂祐子・浅野恭子（著）、誠信書房

『トラウマインフォームドケア──"問題行動" を捉えなおす援助の視点』
　野坂祐子（著）、日本評論社

『子どもへの性暴力──その理解と支援』藤森和美・野坂祐子（編）、誠信書房

『あなたに伝えたいこと──性的虐待・性被害からの回復のために』
　シンシア・L・メイザー、K・E・デバイ（著）、野坂祐子・浅野恭子（訳）、誠信書房

『性の問題行動をもつ子どものためのワークブック──発達障害・知的障害のある児童・青年の理解と支援』宮口幸治・川上ちひろ（著）、明石書店

『回復への道のり 親ガイド──性問題行動のある子どもをもつ親のために（性問題行動・性犯罪の治療教育シリーズ 1）』T・J・カーン（著）、藤岡淳子（訳）、誠信書房

『性依存症の治療——暴走する性・彷徨う愛』榎本稔（編著）、金剛出版

『性暴力被害の実際——被害はどのように起き、どう回復するか』齋藤梓・大竹裕子（編著）、金剛出版

『回復への道のり パスウェイズ——性問題行動のある思春期少年少女のために（性問題行動・性犯罪の治療教育シリーズ2）』T・J・カーン（著）、藤岡淳子（訳）、誠信書房

『回復への道のり ロードマップ——性問題行動のある児童および性問題行動のある知的障害をもつ少年少女のために（性問題行動・性犯罪の治療教育シリーズ3）』
　T・J・カーン（著）、藤岡淳子（訳）、誠信書房

『性問題行動のある知的障害者のための16ステップ【第2版】——「フットプリント」心理教育ワークブック』
　クリシャン・ハンセン、ティモシー・カーン（著）、本多隆司・伊庭千惠（訳）、明石書店

『子どものための精神医学』滝川一廣（著）、医学書院

『季刊　セクシュアリティー』エイデル研究所

4　子どもの権利に関する書籍

『ひとはみな、自由　世界人権宣言』中川ひろたか（訳）、主婦の友社

『あなたが守る　あなたの心・あなたのからだ』
　森田ゆり（作）、平野恵理子（絵）、童話館出版

『気持ちのきせき』箱崎幸恵（文）、せきあやこ（絵）、明石書店

『気持ちの本』森田ゆり（作）、童話館出版

『どんなきもち？』ミース・ファン ハウト著、西村書店

『ねずみくんのきもち』なかえよしお（作）、上野紀子（絵）、ポプラ社

『おこる』中川ひろたか（作）、長谷川義史（絵）、金の星社

『LGBTを読み解く——クィア・スタディーズ入門』森山至貴（著）、ちくま新書

5　活動団体・その他

子どもの性の健康研究会　http://csh-lab.com

性的搾取からの子どもの安全（厚労研究）　http://csh-lab.com/3sc/

地域で支える子どもの回復ネットワーク（阪大TIC）　http://csh-lab.com/tic/

おわりに

　今回の出版に関しては、紆余曲折、二転三転、コロナ禍に翻弄された出版となりました。

　さまざまな思いの中でやっと「かたち」にできた本でもあります。改めて、生活書院の髙橋淳社長には心から感謝申し上げます。幾多の試練を乗り越えてやっと生まれた出版物であるからこそ、大きな喜びでもあります。そして、われわれ、性教育研究会のメンバーが地道に「児童福祉施設における性的問題」に向かい合い、10年以上、学術大会を通して、培ってきた成果の集大成でもあります。

　さらに、今回の出版には、多くの領域の方々にご執筆のご協力を頂きました。特に、近接領域では、著名な方々に執筆のご協力を頂けました。小西聖子先生を始め、秋元義弘先生、野坂祐子先生、中野宏美先生、渡邉直千葉県児童相談所長に改めて御礼申し上げます。

　なお、実際に児童養護施設職員としての立場若しくは『読者』目線で、編集作業段階から原稿読みに協力して頂いた、かつて私が施設長であった当時の児童養護施設職員、室井奈津美（現・児童心理治療施設職員）、森田あゆみ（現・児童虐待対応協力員）、両氏にも謝意を表したいと思います。そして、今回は執筆いただけませんでしたが、我々の仲間である国立武蔵野学院、相澤林太郎さんのご協力にも感謝致します。

　そして、何よりも本書が、児童福祉施設現場で「性的問題」の対応に苦慮され、日々、子どもたちと葛藤しながら、解決の途を求めている方々の「座右の書」となることを、我々「性教育研究会」のメンバーは心から願っています。決して、子どもたちだけが「性的問題」を起こしているのではなく、子どもたち自身が最も「困っている当事者」であるという視点は

持ち続けて行きたいと思います。

　「第10回性教育研究会学術大会」を終えて、コロナ禍で中断しましたが、次の新たなる10年は「『被害者』だけでなく『加害者』もつくらない社会を目指して」という思いを抱きつつ……。

※各章により、「性的問題行動」、「性問題行動」と表記が異なっておりますが、各執筆者の判断としています。本書では、敢えて、統一は図らなかったことを付け加えます。

　2022年3月吉日

　　　　　　　　　　　　　　　　　　　性教育研究会代表　小木曽 宏

編者略歴

小木曽　宏（おぎそ・ひろし）

　1954 年生まれ。国立武蔵野学院付属児童自立支援専門員養成所卒業。千葉県児童自立支援施設・児童相談所児童指導員、淑徳大学総合福祉学部准教授、児童養護施設・房総双葉学園施設長などを経て、現在、東京経営短期大学こども教育学科特任教授。

　著書に、『現場に生きる子ども支援・家庭支援──ケース・アプローチの実際と活用』（生活書院、2007）、『児童自立支援施設これまでとこれから──厳罰化に抗する新たな役割を担うために』（編著、生活書院、2009）、『施設における非行臨床──児童自立支援事業概論』（分担執筆、明石書店、2014）、『新版 子ども家庭福祉』（共著、建帛社、2019）、『地域子ども家庭支援の新たなかたち──児童家庭支援センターが繋ぎ・紡ぎ・創る地域養育システム』（編著、生活書院、2020）など。

執筆者略歴（執筆順）

山口 修平（やまぐち・しゅうへい）

　1977 年生まれ。淑徳大学社会学部社会福祉学科卒業。

　現在、児童養護施設一宮学園副施設長。

　分担執筆に、『よくわかる社会的養護内容』（小木曽宏他編、ミネルヴァ書房、2015）など。

小林 千夏（こばやし・ちなつ）

　社会福祉士、保育士。

　児童養護施設勤務を経て、現在、うえだみなみ乳児院（にんしん SOS ながの）相談員。子ども虐待の予防的支援のため、10 代・20 代を中心とした女性の予期せぬ妊娠などの相談に対応している。

足立 泰代（あだち・やすよ）

　性教育ファシリテーター、思春期保健相談士。

　児童養護施設勤務を経て、現在、児童養護施設、児童自立支援施設、児童心理治療施設、自立援助ホーム、乳児院、母子生活支援施設など様々な場で、支援者、保護者向け研修や子ども向け性教育ワークショップなどを行っている。

杉浦ひとみ（すぎうら・ひとみ）

1999 年弁護士登録。日本弁護士連合会の人権擁護委員会・子どもの委員会等に所属。知的障害者施設、養護施設等のオンブズマン。司法福祉学会、PTSD 学会所属。小寺記念精神分析研究財団理事、セカンドチャンス！（少年院出院者の自助組織）設立からのサポートメンバー、学校事件事故被害者全国弁護団事務局長、「コスタリカに学ぶ会」事務局長。

秋元 義弘（あきもと・よしひろ）

　1964 年生まれ。自治医科大学卒業。医学博士、産婦人科認定医。2012 年、第 16 回松本賞受賞。現在、岩手県立中部病院第一産婦人科長。

　著書に、『思春期の性の問題をめぐって――現状とその対応から教育まで』（共著、診断と治療社、2011）など。

関　尚美（せき・なおみ）

　1979 年生まれ。淑徳大学社会学部社会福祉学科卒業現在、児童養護施設一宮学園職員。

荘司 貴代（しょうじ・たかよ）

　1978 年生まれ。淑徳大学社会学部社会福祉学科卒業。

　現在、児童養護施設同仁会子どもホーム主任。

野坂 祐子（のさか・さちこ）

お茶の水女子大学大学院人間文化研究科博士後期課程単位取得退学。博士（人間学）。公認心理師、臨床心理士。現在、大阪大学大学院人間科学研究科准教授。

著書に、『トラウマインフォームドケア——"問題行動"を捉えなおす援助の視点』（日本評論社、2019）、『マイステップ——性被害を受けた子どもと支援者のための心理教育』（共著、誠信書房、2016）など。

渡邉 直（わたなべ・ただし）

1964 年生まれ。千葉県庁に心理職として入庁。公認心理師、臨床心理士。健康福祉部児童家庭課を経て、現在、児童相談所に勤務。

著書に、『子ども虐待対応におけるサインズ・オブ・セーフティ・アプローチ実践ガイド——子どもの安全を家族とつくる道すじ』（共著、明石書店、2017）、分担執筆に、『よくわかる社会的養護内容』（小木曽宏他編、ミネルヴァ書房、2015）など。

中野 宏美 （なかの・ひろみ）

1977 年生まれ。東洋大学大学院社会学研究科博士前期課程修了。社会福祉士、精神保健福祉士。現在、NPO 法人しあわせなみだ代表。

分担執筆に、『地域共生社会に向けたソーシャルワーク——社会福祉士による実践事例から』（日本社会福祉士会編、中央法規出版、2018）、論文に、「発達障害者への性暴力の実態に関する調査」（共著、『東洋大学社会学部紀要』、2019）など。

本書のテキストデータを提供いたします

　本書をご購入いただいた方のうち、視覚障害、肢体不自由などの理由で書字へのアクセスが困難な方に本書のテキストデータを提供いたします。希望される方は、以下の方法にしたがってお申し込みください。

◎データの提供形式＝ CD-R、メールによるファイル添付（メールアドレスをお知らせください）。

◎データの提供形式・お名前・ご住所を明記した用紙、返信用封筒、下の引換券（コピー不可）および 200 円切手（メールによるファイル添付をご希望の場合不要）を同封のうえ弊社までお送りください。

●本書内容の複製は点訳・音訳データなど視覚障害の方のための利用に限り認めます。内容の改変や流用、転載、その他営利を目的とした利用はお断りします。

◎あて先
〒 160-0008
東京都新宿区四谷三栄町 6-5 木原ビル 303
生活書院編集部　テキストデータ係

【引換券】

児童福祉施設における
性的問題対応ハンドブック

児童福祉施設における性的問題対応ハンドブック

発　行━━━ 2022 年 3 月 18 日　初版第 1 刷発行
　　　　　　2023 年 1 月 20 日　初版第 2 刷発行
編　者━━━ 小木曽　宏
発行者━━━ 髙橋　淳
発行所━━━ 株式会社　生活書院
　　　　　　〒 160-0008
　　　　　　東京都新宿区四谷三栄町 6-5 木原ビル 303
　　　　　　Ｔ Ｅ Ｌ 03-3226-1203
　　　　　　Ｆ Ａ Ｘ 03-3226-1204
　　　　　　振替 00170-0-649766
　　　　　　http://www.seikatsushoin.com
印刷・製本━━ 株式会社シナノ

Printed in Japan
2022 © Ogiso Hiroshi
ISBN 978-4-86500-138-9

定価はカバーに表示してあります。乱丁・落丁本はお取り替えいたします。